教育理论与实践研究前沿

特殊教育

普通师范专业融合教育课程研究

冯雅静／著

知识产权出版社
全国百佳图书出版单位
——北京——

图书在版编目（CIP）数据

普通师范专业融合教育课程研究 / 冯雅静著 . —北京：知识产权出版社，2021.11
ISBN 978-7-5130-7674-6

Ⅰ.①普⋯　Ⅱ.①冯⋯　Ⅲ.①特殊教育—师范教育—课程建设—研究—中国　Ⅳ.① G769.2

中国版本图书馆 CIP 数据核字（2021）第 196968 号

责任编辑：王颖超　　　　　　　　责任校对：潘凤越
文字编辑：赵　昱　　　　　　　　责任印制：刘译文

普通师范专业融合教育课程研究
冯雅静　著

出版发行：知识产权出版社有限责任公司	网　　址：http://www.ipph.cn
社　　址：北京市海淀区气象路 50 号院	邮　　编：100081
责编电话：010-82000860 转 8655	责编邮箱：wangyingchao@cnipr.com
发行电话：010-82000860 转 8101/8102	发行传真：010-82000893/82005070/82000270
印　　刷：三河市国英印务有限公司	经　　销：各大网上书店、新华书店及相关专业书店
开　　本：880mm×1230mm　1/32	印　　张：8.5
版　　次：2021 年 11 月第 1 版	印　　次：2021 年 11 月第 1 次印刷
字　　数：180 千字	定　　价：49.00 元
ISBN 978-7-5130-7674-6	

出版权专有　侵权必究
如有印装质量问题，本社负责调换。

序

在社会文明程度和教育普及化、大众化高度发展的今天，一个国家特殊儿童接受教育的质量不仅对特殊儿童毕生的发展具有重要意义，更越来越成为衡量一个国家教育质量乃至整个社会文明程度的重要方面，对构建和谐社会重大战略目标的实现具有重要的推动作用，理应得到高度关注和重视。

2017年最新修订的《残疾人教育条例》明确提出，"残疾人教育应当提高教育质量，积极推进融合教育，根据残疾人的残疾类别和接受能力，采取普通教育方式或者特殊教育方式，优先采取普通教育方式"。《中国教育现代化2035》中也明确要求"全面推进融合教育"。这意味着随班就读的主体地位在特殊教育领域内最高层级的法规中得到了正式确立，融合教育成为未来特殊教育发展的基本走向。然而，虽然近年来我国随班就读工作得到了前所未有的大力推进，在校残疾学生中在普通学校随班就读的比例一直保持在一半左右，规模超越了在特殊教育学校就读的残疾学生，资源中心、资源教室建设规模可观，经费保障机制日益健全，但随班就读仍面临着质量不高的困境，"随班就坐""随班就混"的现象仍然广泛存在，这严重影响"办好特殊教育"这一目标的最终实现。在随班就读质量提升的过程中，广大普通教师融合教育素养的缺失是一个非常重要的影响因素，他们大多在职前培养阶段未接受过特殊教育相关内容的培训。因此，在普通师范专业开设一门关于融合教育的通识性、基础性课程非常必要，这也是相关政策一直关注和要求的内容。那么，数十年来我国师范院校对于相关政策的落实情况如何？已经开设相关课程的师范院校，所开课程的现状如何？在目标、内容、实施及评价方面存在怎样的特征？针对普通师范专业的融合教育课程应当如何科学构建，以更好地满足我国现阶段随班就读实践对于普通教师融合教育素养的需求？对于这些问题的系统探讨，将有助于教师教育工作者更深入地思考普通教师融合教育素养的培养问题，也能够为我国师范院校该类课程的科学、有效开设提供有益启示和借鉴。

  冯雅静是我的学生，在攻读博士学位期间和参加工作后一直关注特殊教育教师队伍建设以及普通教师融合教育素养培养问题，并针对该领域开展了较为系统且有针对性的研究，发表了系列相关成果。这本书首先分析了普通师范专业融合教育课程建设的背景和相关政策，通过多种来源的实证资料系统探讨和分析了我国当前随班就读实践中普通教师融合教育素养的内容和要求，明确了相关课程构建的核心依据和来源，并对国际上发达国家和地区普通教师融合教育素养培养的经验进行了梳理和借鉴，同时对我国普通师范专业融合教育课程的开设情况进行了较大范围的调研，最后在上述研究的基础上探讨了针对普通师范生的融合教育课程在目标、内容、实施和评价上的应然状态，形成了课程的全貌，为当前普通教师融合教育素养的职前培养提供了非常有价值的参考。

"十四五"时期，我国特殊教育事业的发展目标由从前的规模扩大迈入了提质和增量并重的新阶段，其中随班就读质量的提升更是重中之重。在普通师范专业开设融合教育课程，是提升普通教师融合教育素养和随班就读质量的重要途径，也是当前师范类专业建设和完善的必然趋势。虽然当前我国还未达到普通师范专业普遍开设融合教育必修课程的状态，但部分师范院校已经做了很多有益的探索和尝试，相信未来将会有更多教师教育工作者关注普通师范生融合教育素养的职前培养问题，帮助学生在走上工作岗位时能够有效应对因残疾学生加入而变得更加多元、复杂的课堂，更有针对性地满足每一个学生的教育需要。这本书不仅能够为高等师范院校相关课程的开设提供借鉴，也能为教育决策部门细化相关规定提供依据，更能够引导广大普通教师重新认识自己的教育对象、更加深入地解读个体差异，进而反思自身的专业角色和使命。

北京师范大学教育学部特殊教育系教授

王 雁

2021 年 8 月 15 日

目 录

第一章 普通师范专业融合教育课程建设的背景和政策分析 … 1

第一节 普通师范专业融合教育课程建设的时代背景 …… 2
第二节 普通师范专业融合教育课程建设的政策分析 …… 14

第二章 随班就读实践中普通教师的融合教育素养研究 …… 31

第一节 教师专业素养一般结构分析 …… 32
第二节 随班就读实践中普通教师的融合教育素养研究 …… 36

第三章 普通师范专业融合教育课程构建的国际经验 …… 113

第一节 发达国家普通师范专业融合教育课程构建的
总体经验 …… 114
第二节 美国普通教师融合教育素养培养的变革历程 …… 126
第三节 加州大学圣塔芭芭拉分校教师教育项目的融合教育
课程 …… 141
第四节 国际普通师范专业融合教育课程经验对
我国的启示 …… 160

第四章　普通师范专业融合教育课程的现状检视与分析……165

第一节　我国普通师范专业融合教育课程的现状检视………166
第二节　我国普通师范专业融合教育课程的问题分析………182

第五章　普通师范专业融合教育课程的应然样态…………193

第一节　普通师范专业融合教育课程构建的原则…………194
第二节　普通师范专业融合教育课程的目标………………199
第三节　普通师范专业融合教育课程的内容架构…………204
第四节　普通师范专业融合教育课程的实施………………216
第五节　普通师范专业融合教育课程的评价………………227

参考文献……………………………………………………………237

附　录………………………………………………………………243

附录1　随班就读教师知识技能需求调查问卷
（征求专家意见稿）………………………………243
附录2　随班就读教师知识技能需求调查问卷
（最终问卷）………………………………………245
附录3　随班就读一线教师访谈提纲………………………247
附录4　随班就读实践观察记录表…………………………248
附录5　普通师范专业融合教育课程开设现状调查问卷…249
附录6　普通师范专业融合教育课程基本情况访谈提纲…257

后　记………………………………………………………………259

第一章　普通师范专业融合教育课程建设的背景和政策分析

近年来,我国随班就读工作得到了前所未有的大力推进,资源中心、资源教室建设规模可观,经费保障机制日益健全,随班就读学生生均公用经费标准与当地特殊教育学校学生持平,为随班就读质量的提升提供了重要的专业支持和物质基础。然而,普通教师融合教育专业素养的缺失一直制约着我国随班就读质量的真正提升,进而影响着"办好特殊教育"这一目标的最终实现。并且,随着实践的发展,随班就读从最初的规模扩大逐渐过渡到内涵式发展阶段,人们对于残疾学生在普通学校接受公平而有质量教育的需求更加迫切。在这一背景下,普通教师融合教育素养欠缺的制约作用越发凸显。建设一支具备融合教育基本素养的普通教师队伍,是为在普通学校随班就读的特殊需要学生提供高质量教育服务的重要智力基础。

政策保障是任何领域实践开展和推进的根本保障,对于融合教育这样一个对传统教育观念和实践具有一定冲击作用的理念和实践来说更是如此。早在1989年,我国相关政策便对普通教师特殊教育素养的职前培养问题给予关注,提出了在师范生培养中加入特殊教育相关内容、培养师范生具备基本特殊教育能力的规定。此后出台的特殊教育相关法规和文件中均不同程度地对该问题进行了规定和强调，这些规定影响着我国师范生融合教育素养的培养实践，对于普通师范专业融合教育课程的开设和完善发挥着不可替代的作用。本章拟对当前普通师范专业融合教育课程建设的时代背景和相关政策进行梳理和分析，明确普通教师融合教育素养职前培养的必要性和迫切性，同时对相关政策的修订和完善提供思路和依据。

第一节　普通师范专业融合教育课程建设的时代背景

百年大计，教育为先。在社会文明程度和教育普及化、大众化高度发展的今天，一个国家特殊儿童接受教育的质量不仅对特殊儿童的一生发展具有重要意义，更越来越成为衡量一个国家教育发展的整体质量乃至整个社会文明程度和精神风貌的重要方面，对构建和谐社会重大战略目标的实现具有重要的推动作用，理应得到高度的关注和重视。

从最初感官障碍儿童特殊学校的建立到各类特殊儿童教育机构的出现，再到隔离式教育的弊端逐渐显现后"回归主流""正常化"思想的萌发并深入，到最后主张普通教育和特殊教育更高水平结合的"融合教育"理念的出现和大范围实践，世界特殊教育的发展历程告诉我们，"融合教育"在思想和实践领域正在逐渐颠覆原有的隔离式特殊教育模式，引领着未来教育发展的方向。从我国现阶段的国情来看，虽然尽快满足适龄特殊儿童受教育需要的出发点与西方"融合教育"萌发的背景和先决条件存在差异，但与"融合教育"思想一脉相承的特殊儿童"随班就读"模式首先在物理环境上实现了普通儿童和特殊儿童的融合，并在最短的时间内以最高的效率实现了我国特殊儿童入学率的提升，对我国青少年义务教育的普及具有战略性意义，被学术界认为是西方"融合教育"思想在我国的初级实践形式。

党的十九大报告正式提出"办好特殊教育"，标志着我国特殊教育的发展目标已经由规模扩大逐渐转向质量提升，特殊教育的发展迈入了新的历史征程。随班就读，即将残疾学生安置在普通教育环境中接受教育，作为我国特殊教育的主体安置方式，在特殊教育发展中扮演着举足轻重的作用。2017年最新修订的《残疾人教育条例》明确提出，"残疾人教育应当提高教育质量，积极推进融合教育，根据残疾人的残疾类别和接受能力，采取普通教育方式或者特殊教育方式，优先采取普通教育方式"。这意味着随班就读的主体地位在特殊教育领域最高层级的法规中得到了正式确立，融合教育成为未来特殊教育发展的基本走向。在特殊教育转型发展的关键时期，随班就读的质量提升是关乎我国特殊教育可持续发展的重要议题。而任何教育领域内的变革最终均需要广大一线教师来实践，融合教育发展给教师素质以及教师培养工作带来的挑战已成为世界性共识，各个国家对于教师职前培养工作的探索和调整从未停止。❶无疑，当前高质量师资的缺乏同样也是制约我国随班就读质量提升的瓶颈性因素。❷为了给随班就读实践输送合格的、做好准备的教师，"在普通师范专业开设特殊教育课程、培养普通师范生具备指导和教育残疾学生的能力"等相关要求在《残疾人教育条例》(2017年修订)、《第二期特殊教育提升计划（2017—2020年）》《教育部关于加强残疾儿童少年义务教育阶段随班就读工作的指导意见》(2020年)等重要法规和文件中均得以体现。此外，在2018年1月30日教育部颁布的《普通高等学校本科专业类教学质量国家标准》这一方向性、引领性的文件中，明确将"特殊教育概论"课程作为教育学类专业（包括小学教育、学前教育、科学教育、人文教育等）需要开设的专业基础课程之一，与教育学原理、教育研究方法、教育心理学等课程并列。这意味着在普通师范专业开设特殊教育相关课程将成为未来教育学类专业建设和完善的重要内容，而学界对于这门针对非特殊教育专业的特殊教育相关课程应当如何构建、包含哪些内容、如何呈现等关键问题还缺乏足够的、科学的探讨，当前部分师范院校开设的该门课程仍主要使用传统

---

❶ LOREMAN T. Essential Inclusive Education-related Outcomes for Alberta Preservice Teachers [J]. The Alberta Journal of Educational Research, 2010, 56 (2): 124-142; LOMBARDI T P, HUNKA N J. Preparing General Education Teachers for Inclusive Classrooms: Assessing the Process [J]. Teacher Education and Special Education, 2001, 24 (3): 183-197; GERACI L M. Preparing Preservice Teachers for Inclusive Field-based Experience: A Case Study of Field-based Tutoring Experience [D]. New York: University at Buffalo, State University of New York, 2009.

❷ 冯雅静，李爱芬，王雁. 我国普通师范专业融合教育课程现状的调查研究 [J]. 中国特殊教育, 2016 (1): 9-15.

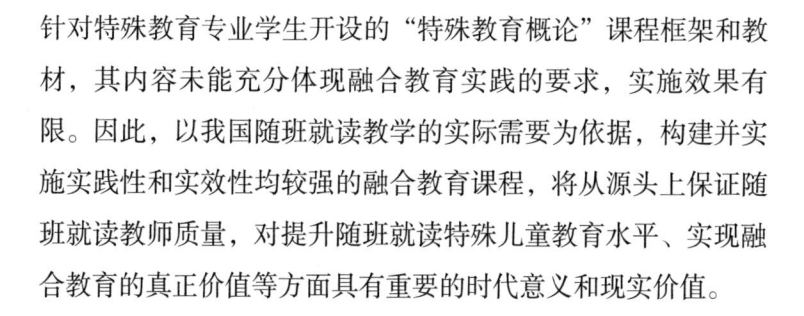

针对特殊教育专业学生开设的"特殊教育概论"课程框架和教材，其内容未能充分体现融合教育实践的要求，实施效果有限。因此，以我国随班就读教学的实际需要为依据，构建并实施实践性和实效性均较强的融合教育课程，将从源头上保证随班就读教师质量，对提升随班就读特殊儿童教育水平、实现融合教育的真正价值等方面具有重要的时代意义和现实价值。

一、国际融合教育的发展已成大势所趋

自 1770 年法国创立世界上第一所特殊教育学校以来，特殊教育经历了长达两个世纪的隔离式教育时期。[1] 所有特殊儿童被安置在与主流教育环境完全隔离的环境中接受教育，其身心健康及社会性发展均受到了显著影响。20 世纪 50 年代以来，在民权运动的推动下，封闭运行、互不交错的普通教育系统和特殊教育系统逐渐无法满足残疾人实现个人发展、平等融入和参与主流社会生活的强烈诉求，与教育公平的理念背道而驰，进而引发了世界范围内教育领域的深刻变革，以"倡导所有学生的积极学习和平等参与"以及"建立能够接纳并满足所有学生教育需要的教育体系"为主张的融合教育思想，自 20 世纪 70 年代提出以来便以其卓越的进步性在世界范围内得到了广泛的认可和传播，彻底否定了传统意义上的隔离式特殊教育体系，动摇了隔离式特殊教育体系的根基，成为世界特殊教育变革的主要动力和趋势，特殊儿童逐渐得到进入普通学校与所有

---

[1] 厉才茂. 关于融合教育的阐释与思考［J］. 残疾人研究，2013（1）：53-58.

普通同伴平等接受教育的机会。可以说，从隔离到融合，是数十年来国际特殊教育领域早已明确的趋势和走向，美国、英国等发达国家在经历了初期的矛盾和冲突后，其残疾儿童在普通学校接受教育的比例已达到90%以上❶，同时芬兰、澳大利亚、德国等国家均建立了运转良好的融合教育支持保障体系，在对象认定、教育教学、师资培养、经费拨付等方面均作出了合理调整和变革❷，更加印证了融合教育发展的合理性和可行性。

二、融合教育发展方向和随班就读主体地位在我国基本确立

20世纪80年代，我国适龄残疾儿童入学率较低，大量残疾儿童接受义务教育的机会缺失，其平等受教育权未能得到很好的保障。出于尽快提高残疾儿童入学率、普及义务教育的迫切需要，我国各类特殊教育相关法律法规相继规定或确认：要发展以特殊学校为骨干，以大量设置在普通学校的特殊教育班和吸收能够跟班学习的残疾儿童随班就读为主体的格局，即倡导普通学校打开大门，接收具有接受普通教育能力的残疾儿童入学接受教育，以提升残疾儿童少年的入学率。1989年《关

---

❶ 杨希洁，冯雅静，彭霞光.中国特殊教育发展报告（2014—2016）[M].北京：华夏出版社，2019：183-205.
❷ 徐添喜，孙玉梅，雷江华.澳大利亚全纳教育的发展及其启示[J].外国教育研究，2010（1）：27-32；景时，刘慧丽.芬兰融合教育的发展、特征及启示[J].外国教育研究，2013（8）：54-60；高晓娟.德国融合教育发展实施对我国的启示[J].绥化学院学报，2018（4）：10-13.

于发展特殊教育若干意见》明确提出"多种形式办学,加快特殊教育事业的发展","各地要充分利用现有普通小学,积极招收虽有一定残疾,但可以在普通班学习的残疾儿童入学"。三类特殊儿童(视力障碍、听力障碍、智力障碍)随班就读的试验自此开始。1991年国务院批转的《中国残疾人事业"八五"计划纲要》中再次指出,"八五"计划期间,"使可以接受普通教育的残疾儿童、少年与当地其他儿童、少年的义务教育水平同步;使需要接受特殊教育的视力、听力、言语和智力残疾儿童、少年的初等义务教育入学率,在城市和发达与比较发达的地区达到60%左右,中等发展地区达到30%左右,困难地区有较大提高"。为了实现这一任务指标,该文件要求各级各类普通教育机构必须依照《中华人民共和国残疾人保障法》的规定,招收可以接受普通教育的残疾人。1994年,原国家教委颁布《关于开展残疾儿童少年随班就读工作的试行办法》,这是我国最早的专门对随班就读工作进行规范的专项文件,随班就读工作的全国性的发展和推广进入了新的历史阶段。《中国教育统计年鉴》数据显示,1994年普通学校附设随班就读的班级数共有4040个,其中小学4004个、初中36个,随班就读在校生人数共计115305人,专任教师数为2079人。而随班就读在全国推广6年之后,2000年,全国普通学校附设随班就读的班级数已然翻倍,共有8839个,随班就读在校生人数增长至259882人,专任教师数为3928人。由此可见,20世纪90年代,尤其是《关于开展残疾儿童少年随班就读工作的试行办法》颁布以后,我国随班就读的规模显著扩大,成为我国残疾儿童少年接受义务教育的主要途径。

2017年，作为我国特殊教育领域内级别最高的行政法规，新修订的《残疾人教育条例》中要求，"残疾人教育应当提高教育质量，积极推进融合教育，根据残疾人的残疾类别和接受能力，采取普通教育方式或者特殊教育方式，优先采取普通教育方式"，这有效保障了融合教育的改革方向和随班就读实践的推进。此外，近年来，国家出台了一系列特殊教育相关政策文件以推动特殊教育的发展，这些文件在我国特殊教育安置体系的规定上均体现出明显的融合教育导向。2014年出台的特殊教育专项文件《特殊教育提升计划（2014—2016年）》（以下简称《一期计划》）在总体目标中明确提出："全面推进全纳教育，使每一个残疾孩子都能接受合适的教育。经过三年努力，初步建立布局合理、学段衔接、普职融通、医教结合的特殊教育体系，办学条件和教育质量进一步提升。"这标志着我国特殊教育将以全面推进融合教育为改革发展的方向。《第二期特殊教育提升计划（2017—2020年）》（以下简称《二期计划》）继续坚持全面推进融合教育的改革发展方向，提出："坚持统筹推进，普特结合。以普通学校随班就读为主体、以特教学校为骨干、以送教上门和远程教育为补充，全面推进融合教育。"《教育部办公厅 中国残联办公厅关于做好残疾儿童少年义务教育招生入学工作的通知》（2017年）、《教育部办公厅 中国残联办公厅关于做好2019年残疾儿童少年义务教育招生入学工作的通知》（2019年）、《普通学校特殊教育资源教室建设指南》（2016年）等文件则从招生入学、资源教室建设等相对微观的层面对随班就读相关工作进行了规范，进一步支持和巩固了普通学校随班就读的主体地位。2020年6月22日，教育部最新颁布了《关于加强残疾儿童少年义务教育阶段随班就读工作的指导意见》，专门对新时期我国随班就读工作的开展提出了更高的规范和更新的要求，显示了我国大力实施融合教育，推进随班就读工作的决心和战略部署。

据历年教育部统计公报数据显示，21世纪以来我国义务教育阶段全国特殊教育学生随班就读人数已占在校生人数的50%左右，在2010年前的十年间这一比例高达60%以上。承担随班就读工作的普通学校也已不算少数，仅以北京为例，2012—2013学年北京市共有5616名残疾学生在1091所普通中小学就读，而2009—2010学年度北京市共有中小学1422所，承担随班就读任务的普通中小学占总数的77%。2020年我国共有特殊教育在校生88.08万人，其中随班就读在校生43.58万人，占特殊教育在校生的49.47%，这一比例远高于在特殊教育学校就读（27.05%）、在附设特教班就读（0.48%）以及接受送教上门（23.00%）的残疾学生比例。❶ 因此，可以说，从最初以试验的方式进行局部的、摸索式的实践，到在各级各类法规和政策中正式规定，我国随班就读的作用和价值逐渐得到认可，其在特殊教育安置形式中的主体地位逐步确立。

---

❶ 教育部. 2020年全国教育事业发展统计公报［EB/OL］.［2020-10-26］. http://www.moe.gov.cn/jyb_sjzl/sjzl_fztjgb/202108/t20210827_555004.html.

三、提升随班就读质量的诉求日益迫切

2003年全国随班就读工作经验交流会议召开,指出随班就读工作教学质量不高、随班就读工作处于低水平、低层次的发展阶段等问题,同时强调"建立随班就读工作的支持保障体系","强化随班就读教育教学工作的业务管理,以提高教育教学质量为目标,使残疾学生能进得来,留得住,学得好"。同年,教育部基础教育司发布《关于开展建立随班就读工作支持保障体系实验县(区)工作的通知》,提出建立随班就读工作支持保障体系的实验目标,用以保障随班就读质量。2009年《国务院办公厅转发教育部等部门关于进一步加快特殊教育事业发展意见的通知》明确提出"全面推进随班就读工作,不断提高教育质量"。整体来看,在随班就读主体地位逐步确立的同时,我国随班就读的质量却一直不高,一些学者所提到的"随班就坐""随班就混"等现象仍然存在[1],一部分进入普通学校的特殊儿童未能像预期那样得到充分的关注,接受适宜的教育服务,一部分特殊儿童处在被边缘化的地位,游离在主流教育教学活动之外。随班就读还仅仅停留在物理环境的融合层面,特殊学生未能真正参与普通学校的学习和生活,受教育质量难以保障。此外,有的地区还出现了部分特殊儿童回流至

---

[1] 钱丽霞,江小英.对我国随班就读发展现状评价的问卷调查报告[J].中国特殊教育,2004(5):1-5;肖非.中国的随班就读:历史、现状、展望[J].中国特殊教育,2005(3):3-7;卿素兰,刘在花,杨希洁,等.农村特殊儿童随班就读学校支持系统与评价探析[J].中国特殊育,2005(10):68-72.

特殊教育学校的现象，与融合教育的理念和趋势背道而驰。可以说，我国的随班就读工作目前只是在"进得来"上取得了阶段性进展，而在"留得住""学得好"上，还有很长的一段路要走。因此，在我国特殊教育转型发展的关键时期，随班就读这一主体安置形式质量的提升成为继保障特殊儿童受教育机会之后需要迫切解决的重要议题，直接关系着"办好特殊教育"这一目标的最终实现。

教师的实践是教育改革和发展最终实现的必经之路。无论是从教育的观念上，还是从教育的内容与具体的方法、途径等实践上来说，其改革都必须以教师专业素质的提高为起点，并借助每一位教师的实践来完成。[1]随班就读质量的提升不可能长久地、完全地依靠当地特殊教育学校或资源中心的帮扶，归根结底更需要广大普通学校教师素养的提升和态度的转变。国内外众多研究均表明，相对于班级规模、班级结构、物理环境、学生背景等其他因素，教师素质对学生的学业表现有着更加重要的作用。[2]我国有研究者通过大范围、多利益相关者的问卷调查发现，无论在经济发展水平较高的一类地区，还是在经济发展水平相对较弱的二、三类地区，"教师缺乏必要的知

---

[1] 张正之，李敏，赵中建.由标准透视教师专业素养——兼评美国教师资格认证标准中蕴含的教师专业素养[J].全球教育展望，2002（8）：18-21.
[2] SANDERS W, HORN S. Research Findings from the Tennessee Valued-Added Assessment System (TVAAS) Database: Implications for Educational Evaluation and Research [J]. Journal of Personnel Evaluation in Education, 1998, 12 (3): 247-256; SAVOLAINEN H. Responding to Diversity and Striving for Excellence: The Case for Finland [J]. Prospects Quarterly Review of Comparative Education, 2009, 39 (3): 256-269.

识和技能"在所有影响随班就读质量的因素中都居前三位,并且"教师缺乏特教专业知识和方法"是目前随班就读工作存在的主要困难❶,也是我国融合教育和随班就读发展过程中必然显现的问题。

因此,随着融合教育在世界各国的推广以及我国随班就读工作的不断推进,未来将有更多的特殊儿童进入普通课堂,普通教师的教育环境、工作任务也因此发生变化,这对普通教育教师的素质提出了更高的要求。广大普通教师承载着提升随班就读质量的任务和使命,教师教育是否及时给予呼应,普通教师是否具备在融合教育环境中教育和指导特殊学生的素养,是否能够在职前阶段为应对融合教育的挑战做好准备,将对我国随班就读教师队伍建设及随班就读质量的提升产生重要而深远的影响,决定着特殊儿童在"进得来"普通学校之后,能否"留得住""学得好"。

四、部分师范院校开始探索开设融合教育课程,但范围和有效性亟须提升

近年来,密集的政策颁布与实施切实推进和加快了普通教师职前培养中融合教育课程的普及。如前文所述,随着2011年《教师教育课程标准(试行)》的颁布与实施,"特殊儿童发展与学习"成为学前教育专业师范生的必修课程,

---

❶ 王洙,杨希洁,张冲.残疾儿童随班就读质量影响因素的调查[J].中国特殊教育,2006(5):3-13.

"特殊儿童发展与学习"也成为首门出现在国家精品资源共享资源课程中的普通师范生特殊教育素养培养类课程。《一期计划》中提出在教师资格证考试中纳入特殊教育相关内容,也促使越来越多的师范院校或综合类院校在中小学师资职前培养中加入特殊教育相关课程,教育部直属师范院校、省属师范院校以及地方师范院校纷纷进行普通师范生特殊教育素养相关课程建设。但相关要求的强制性和可操作性不足,且缺乏有效的监督和检查机制,同时由于融合教育课程的加入涉及整个教师培养方案的调整,通常需要更大范围的变革、调整和统筹,加上大量普通师范院校特殊教育师资力量缺乏,课程框架、内容等缺乏统一规范和指导,整体上来讲该课程的开设情况不够理想。我国目前的职前教师教育,仍然是按照特教师资和普教师资分别培养的模式进行。我国普通教师职前培养课程,目前正由过去的教育学、心理学、教学法三科向一套较为完整的教师教育课程体系过渡。但是在新的课程体系中,没有专门的融合教育有关课程,只是在"教育学"或"教育学概论"等课程中涉及教育公平等内容时,融合教育的一些观点会比较随机地出现于教师的课堂教学中,而专门的融合教育课程仅在为数不多的试点师范院校零星开展,其持续性、覆盖面、系统性和科学性均难以保障,对于普通师范生融合教育素养提升的作用非常有限。此外,对随班就读任职教师培训状况的调查研究均表明,接受过相关培训的教师数量不足一半,且在接受过相关培训的教师中70%来源于入职后的"短训班"或"讲座"等零散形式,在职前培养阶段几乎未接受过关于随班就读相关内容的系统培训。

总之，虽然相关法律和政策均对普通师范专业开设特殊教育课程进行了一定程度的规定和要求，但其执行和落实情况并不理想，我国普通教师职前培养中融合教育课程的全面开设仍然面临较大的挑战。

第二节　普通师范专业融合教育课程建设的政策分析

1988年第一次全国特殊教育工作会议首次提出我国特殊教育"以一定数量的特殊教育学校为骨干、以大量特教班和随班就读为主体"的发展格局。自此，随班就读教师特殊教育素养的培养开始在一系列相关政策中出现，推动了我国普通师范专业融合教育建设的理论和实践探索。本节拟对我国普通师范专业融合教育课程建设的相关政策规定进行系统梳理和分析，明确其特征和趋势，提出细化和完善相关政策的建议。

一、相关政策颁布时间和数量

1989年国务院批转国家教委等部门颁布的《关于发展特殊教育的若干意见》，是我国最早对随班就读教师特殊教育素养培养作出规定的规范性文件，要求"各地普通中等师范学校、幼儿师范学校的有关专业课，可根据当地需要适当增加特殊教育内容；高等师范院校应有计划地增设特殊教育选修课程"。此后，我国陆续出台的特殊教育相关法律、法规、政策中共有17项次对普通师范专业融合教育课程的建设问题进行了规定和要求，而这基本覆盖了20世纪90年代以来所有特殊教育相关文件。由此可见，在普通师范专业开设融合教育相关课程，一直以来都是我国特殊教育领域重要的政策点之一，这一问题有着较为稳定、持续的政策保障基础。从颁布时间来看，2000年之前共有7项次，2000—2009年有2项次，2010—2020年共有8项次。这说明，在普通专业开设特殊教育课程或增加特殊教育内容的规定在20世纪80年代第一次出现之后，在2000年之前受到了较为频繁的关注，这一时期也是我国特殊教育相关政策较为集中颁布的时期。进入21世纪以来，第一个十年中仅有两项文件涉及普通教师融合教育素养的职前培养问题，但强制力最高的《中华人民共和国残疾人保障法》在此期间进行了重新修订。2010年以后，随着我国对于特殊教育事业重视程度的提高以及融合教育的大力推进，十年间共有8项与普通师范专业融合教育课程建设相关的政策规定出台，密度和强度均有较大程度的提升。值得一提的是，《残疾人教育条例》在2017年进行了修订，是目前我国特殊教育领域效力级别最高的行政法规。

相关文件的基本信息及规定的具体内容见表1–1。

表1-1 与普通师范专业融合教育课程建设相关的政策内容

颁布时间	名称	颁布部门	级别	相关内容
1989-05-04	《关于发展特殊教育的若干意见》	国务院转发国家教委、国家计委、民政部、财政部、人事部、劳动部、卫生部、中国残疾人联合会制定	国务院规范性文件	三、领导与管理 18.加强师资队伍建设 "各地普通中等师范学校、幼儿师范学校的有关专业课,可根据当地需要适当增加特殊教育内容;高等师范院校应有计划地增设特殊教育选修课程。"
1990-12-28	《中华人民共和国残疾人保障法》(颁布)	全国人民代表大会常务委员会	法律	第三章 教育 第二十五条 [师资] "普通师范院校开设特殊教育课程或者讲授有关内容,使普通教师掌握必要的特教知识。"
1991-12-29	《中国残疾人事业"八五"计划纲要(1991—1995年)》	国务院批转国家计委等16个部门制定	国务院规范性文件	三、教育 (二)教育 "八五"计划期间以特殊教育学校为骨干,普通学校附设特殊教育班和随普通班就读为主体的特殊教育专业的试点……陆续在各级普通师范院校开设特殊教育课程。" "建立国家教委直属师范大学增加普通师范专业的试点……陆续在各级普通师范院校开设特殊教育课程。"

续表

颁布时间	名称	颁布部门	级别	相关内容
1992-05-12	《残疾儿童少年义务教育"八五"实施方案》	国家教委、中国残疾人联合会	部门工作文件	三、主要措施 (三)加强师资和管理人员的培训工作 3."自1992年起,各地普通中等师范学校应有步骤地开设特殊教育基础知识必修课程,高等师范院校应设置特殊教育选修课程,以适应残疾人教育发展的需要。"
1994-07-21	《关于开展残疾儿童少年随班就读工作的试行办法》	国家教委	部门规范性文件	五、师资培训 21."普通中等师范学校要分期分批开设特殊教育课程,以保证从事随班就读教学新师资的来源。"
1994-08-23	《残疾人教育条例》(颁布)	国务院	行政法规	第六章 教师 第四十一条 "普通师范院校应当有计划地设置残疾人特殊教育必修课程或者选修课程,使学生掌握必要的残疾人教育的基本知识和技能,以适应对随班就读残疾学生的教育需要。"

续表

颁布时间	名称	颁布部门	级别	相关内容
1996-05-09	《残疾儿童少年义务教育"九五"实施方案》	国家教委、中国残联	部门工作文件	三、主要措施 4. 师资队伍建设 师资培养："各级普通师范院校增设特殊教育课程或在有关课程中增加特殊教育内容，使学生毕业从教能够适应随班就读工作的需要。"
2001-10-19	《关于"十五"期间进一步推进特殊教育改革和发展的意见》	国务院办公厅转发教育部、国家计委、民政部、财政部、人事部、劳动保障部、卫生部、税务总局、中国残联制定	国务院规范性文件	三、进一步加强特殊教育师资队伍建设，不断提高教师素质 11. "普通师范学院（校）和幼儿师范学校（专业）要有计划地开设特殊教育课程或讲座，使普通教师掌握必要的特殊教育知识。"
2008-04-24	《中华人民共和国残疾人保障法》（修订）	全国人民代表大会常务委员会	法律	第三章 教育 第二十八条 "普通师范院校开设特殊教育课程或者讲授有关内容，使普通教师掌握必要的特殊教育知识。"
2011-10-08	《教师教育课程标准（试行）》	教育部	部门规范性文件	将"特殊儿童发展与学习"这一模块纳入教师教育课程中

续表

颁布时间	名称	颁布部门	级别	相关内容
2012-09-20	《关于加强特殊教育教师队伍建设的意见》	教育部、中央编办、国家发展改革委、财政部、人力资源社会保障部	部门规范性文件	二、加大特殊教育教师培养力度 "支持师范院校和其他高等学校在师范类专业中普遍开设特殊教育课程,培养师范生具有指导残疾学生随班就读的教育教学能力。"
2014-01-08	《特殊教育提升计划(2014—2016年)》	国务院办公厅转发教育部、发展改革委、民政部、财政部、人力资源社会保障部、卫生计生委、中国残联制定	国务院规范性文件	三、主要措施 (五)加强专业化特殊教育师资和综合性院校的教师队伍建设 "普通师范类专业普遍开设特教课程。在教师资格性考试中要含有一定比例的特殊教育相关内容。"
2016-06-15	《国务院办公厅关于加快中西部教育发展的指导意见》	国务院办公厅	国务院规范性文件	(七)保障残疾人受教育权利 加强特教教师队伍建设。"扩大高等院校特教专业培养规模,鼓励高校师范类专业开设特教课程。"

续表

颁布时间	名称	颁布部门	级别	相关内容
2017-02-01	《残疾人教育条例》(修订)	国务院	行政法规	第六章 教师 第四十四条 "普通师范院校和综合性院校的师范专业应当设置特殊教育课程,使学生掌握必要的特殊教育的基本知识和技能,以适应对随班就读的残疾学生的教育教学需要。"
2017-07-17	《第二期特殊教育提升计划(2017—2020年)》	教育部、国家发展改革委、民政部、财政部、人力资源社会保障部、卫生计生委、中国残联	部门工作文件	三、主要措施 (五)加强专业化特殊教育教师队伍建设 "普通师范院校和综合性院校的师范专业普遍开设特教课程。在教师资格考试中要含有一定比例的特殊教育相关内容。"
2018-01-30	《普通高等学校本科专业类教学质量国家标准》	教育部	部门规范性文件	将"特殊教育概论"作为教育学类专业(包括学前教育、小学教育、科学教育、人文教育、艺术教育等)的"专业基础课程"之一。
2020-06-22	《关于加强残疾儿童少年义务教育阶段随班就读工作的指导意见》	教育部	部门规范性文件	六、提升教师特殊教育专业能力 "落实教师范院校和综合性高校的要求,优化随班就读课程内容,提升师范毕业生胜任随班就读工作的能力。"

二、相关政策层次和级别

从政策层次和效力级别上来看，首先，效力级别最高的、最初颁布于1990年的《中华人民共和国残疾人保障法》及其2008年的修订案中均提出在普通师范院校开设特殊教育课程或讲授相关内容，使普通教师掌握必要的特殊教育知识的要求，体现了我国法律体系对于该问题的密切关注，具有最高强制性。其次，我国特殊教育领域目前效力级别最高的行政法规《残疾人教育条例》于1994年初次颁布，并于2017年进行了修订，在两个版本中均有在普通师范院校和综合性院校的师范专业设置特殊教育课程，使学生掌握必要的特殊教育的基本知识和技能，以适应对随班就读的残疾学生的教育教学需要的相关规定。除了这两个法律和行政法规之外，还有国务院制定或转发的规范性文件5项、部门规范性文件及工作文件8项。由此可见，从效力级别最高的法律到行政法规，再到国务院规范性文件、部门规范性文件，以及在特定时间段发挥重要指导作用的阶段性部门工作文件，都涉及普通教师融合教育素养职前培养的问题，提出了在普通师范专业开设特殊教育课程要求，形成了不同层次的法律、政策文件保障链，说明我国政府在政策层面已经对普通教师特殊教育素养的培养问题给予持续的关注和重视。但是，值得注意的是，上述规定大部分仅出现在特殊教育相关的法律和政策文件中，而在教育领域的其他重要法律和政策中，例如《中华人民共和国义务教育法》《中华人民共和国教师法》以及各时期的教育发展规划纲要等均没有体现相关要求，使得该问题仍未成为整个教育领域关注的共同议题，相关政策规定的作用范围也非常有限。普通教师融合教育素养的职前培养不仅仅是特殊教育领域内的议题，仅在特殊教育领域内呼吁是远远不够的，而需要整个教师教育领域的关注，将其作为教师教育改革和发展的重要要求和方向，才能真正实现为融合教育培养高质量师资的目标。

从具体表述的用词上来看，2017年修订的《残疾人教育条例》规定："普通师范院校和综合性院校的师范专业应当设置特殊教育课程，使学生掌握必要的特殊教育的基本知识和技能，以适应对随班就读的残疾学生的教育教学需要。"全国人大常委会法制工作委员会印发的《立法技术规范（试行）（一）》规定，法律在表述义务性规范时，一般用"应当"，不用"必须"。因此，虽然《残疾人教育条例》在具体表述上使用"应当"，但已经属于义务性规范，具有最高强制力。

三、相关政策主要内容

从相关规定的具体内容上来看，所有政策文本表现出较强的一致性，其核心要求均是应当在普通师范院校的普通师范专业开设特殊教育课程、讲授和普及特殊教育内容等，使普通教师掌握必要的特殊教育知识和技能，以此提高对随班就读的特殊需要学生进行指导的能力。例如"普通师范院校开设特殊教育课程或者讲授有关内容，使普通教师掌握必要的特殊教育知识"(《中华人民共和国残疾人保障法》);"普通师范学院(校)和幼儿师范学校(专业)要有计划地开设特殊教育课程或讲座,在学生中普及特殊教育知识"(《关于"十五"期间进一步推进特殊教育改革和发展的意见》);"支持师范院校和其他高等学校在师范类专业中普遍开设特殊教育课程,培养师范生具有指导残疾学生随班就读的教育教学能力"(《关于加强特殊教育教师队伍建设的意见》);"普通中等师范学校要分期分批开设特殊教育课程,以保证从事随班就读教学新师资的来源"(《关于开展残疾儿童少年随班就读工作的试行办法》);等等。除此之外,2011年出台的《教师教育课程标准(试行)》将"特殊儿童教育"这一模块纳入教师教育课程中。整体而言,相关规定具有较强的相似性,一直以来处在反复重申和强调的阶段。直到2014年,教育部等部门联合制定了《特殊教育提升计划(2014—2016年)》,增加了"将特殊教育相关内容纳入教师资格证考试中"的要求,这就从准入资格上强调普通教师特殊教育素养的培养,也反过来促进了普通师范专业融合教育课程的开设。2018年出台的《普通高等学校本科专业类教学质量国家标准》直接将"特殊教育概论"作为教育学类专业(包括学前教育、小学教育、科学教育、人文教育、艺术教育等)需要开设的"专业基础课程"之一。这些要求具有一定的进步性。在2020年最新出台的《关于加强残疾儿童少年义务教育阶段随班就读工作的指导意见》中提出"落实师范院校和综合性高校的师范专业普遍开设特殊教育课程的要求,优化随班就读工作必备的知识和内容,提升师范毕业生胜任随班就读工作的能力",从之前的"鼓励""支持"改为"落实",且提出了优化随班就读工作必备知识和内容的要求,这说明相关政策不仅关注课程开设与否问题,还进一步关注课程内容的科学性和合理性,相比之前的规定有了较为明显的突破。

四、特征和趋势

整体上来看,从 1989 年《关于发展特殊教育的若干意见》第一次提出在普通师范专业开设特殊教育课程的要求,到 2020 年《关于加强残疾儿童少年义务教育阶段随班就读工作的指导意见》的出台,30 多年来,相关要求在延续和重申的基础上有了一定的丰富和发展,表现出如下几方面的趋势和特征。

(一)近十年政策出台密度较大,保障力度逐渐加强

从收集到的文件来看,普通教师融合教育素养培养的相关要求于 1989 年第一次在政策中出现后,在 20 世纪 90 年代初出现了第一个政策出台的小高潮,每隔 1~2 年便有一个相关政策出台,到 2000 年之前共有 7 项。但是 21 世纪的第一个十年,进入了一个空前的低潮期,十年间仅有 2 项相关规定,说明该问题在集中规定后未得到足够持续的重视和强调。此后,在 2008 年《残疾人保障法》进行修订并提出"国家有计划地举办各级各类特殊教育师范院校、专业,在普通师范院校附设特殊教育班,培养、培训特殊教育师资。普通师范院校开设特殊教育课程或者讲授有关内容,使普通教师掌握必要的特殊教

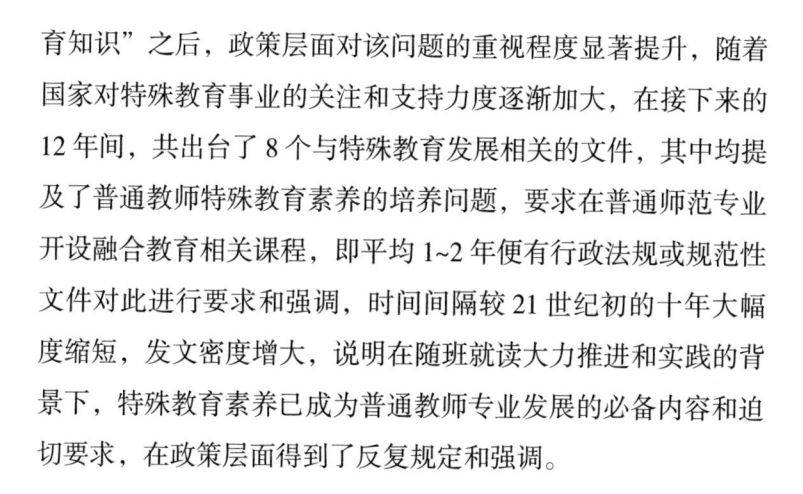

育知识"之后，政策层面对该问题的重视程度显著提升，随着国家对特殊教育事业的关注和支持力度逐渐加大，在接下来的12年间，共出台了8个与特殊教育发展相关的文件，其中均提及了普通教师特殊教育素养的培养问题，要求在普通师范专业开设融合教育相关课程，即平均1~2年便有行政法规或规范性文件对此进行要求和强调，时间间隔较21世纪初的十年大幅度缩短，发文密度增大，说明在随班就读大力推进和实践的背景下，特殊教育素养已成为普通教师专业发展的必备内容和迫切要求，在政策层面得到了反复规定和强调。

（二）内容要求有所丰富且不断规范

从1989年提出的"根据实际需要在相关专业课的内容中适当增加特殊教育内容""有计划地增设特殊教育选修课程"，到2001年规定"开设特殊教育课程或讲座"，再到2014年《一期计划》中指出"鼓励师范院校和其他高等学校在师范类专业中普遍开设特殊教育课程"，我国对普通教师培养过程中特殊教育能力的关注和要求逐渐增多，对特殊教育课程开设的要求走向正规化，从"附加内容"走向独立课程、从"选修"走向"普遍开设"、从零碎专题走向系统规范的课程，从知识普及性质的讲座走向专业能力的培养。相关规定要求通过开设独立的特殊教育课程来培养普通教师的融合教育素养，不局限于将特殊教育内容包含在有关课程中或通过零散的讲座来呈现，使其成为普通教师专业化发展的一项必备内容。尤其需要指出的是，在《一期计划》中，不仅要求在普通师范专业中开设特殊教育课程、提高普通教师特殊教育能力，还要求每个教师具备"全纳教育的理念"，这是相关政策首次突破以往文件中仅对相关知识、技能进行要求的现状，从理念层面对普通教师进行要求，提高普通教师对特殊需要学生的认可和接纳，从结构上与知识和技能一同构成了完整的普通教师特殊教育素养。更重要的是，该计划还第一次明确要求"将特殊教育相关内容纳入教师资格考试"，这标志着特殊教育素养正式成为普通教师的从业要求之一，真正从教师准入资格的角度对普通教师的特殊教育能力进行规定，有利于从源头上保证随班就读教师队伍的质量。我国相关部门对该问题的认识已经不再局限于从培养过程的层面进行规定，而已经提高到了一个新的高度，真正将特殊教育能力作为胜任普通教育工作所必备的技能和要求之一，这也从另外一个角度增加了普通教师特殊教育素养培养的强制性，将对整个教师教育改革发挥重要的影响。此外，如前所述，在 2020 年最新出台的《关于加强残疾儿童少年义务教育阶段随班就读工作的指导意见》中提出"优化随班就读工作必备的知识和内容"的要求，对于课程内容提出了要求，相比以往规定来说更深入，更具实际指导意义。

（三）可操作性和强制力仍需提升

虽然对普通教师特殊教育能力的培养已经在不同的法律法规和政策中得以体现，但整体上看这些规定在强制力、具体性以及可操作性上存在一定的提升空间。首先，强制力主要通过法律法规和政策规定的层次和措辞来体现，除《中华人民共和国残疾人保障法》和《残疾人教育条例》之外,其他规定均为"意见""计划""办法"等规范性文件,其强制力相对较低,并且政策文本中大多使用"鼓励""支持""逐步""可以"等倡导性词语,并未对所有普通教师培养专业均开设特殊教育课程进行严格要求和强调,有的仅规定"适当增加特殊教育内容""开设特殊教育选修课"等,具体内容的约束力明显不足,仅在大方向上进行了规定和引导,缺乏相应的评估和监督机制,直接限制了相关要求的执行力度。其次,现有规定中涉及的内容不够具体全面,没有对开设特殊教育课程的细节进行具体要求,例如课程性质、内容、资源和经费保障、课程评估方式等均未涉及,这也导致该政策内容的实践性和可操作性不强,成为其长久以来实施效果并不理想的最直接原因。最后,也是最重要的,从收集到的17项相关政策来看,当前关于普通师范专业开设特殊教育课程的要求几乎都出现在特殊教育领域的政策中,仅有《教师教育课程标准》和《普通高等学校本科专业类教学质量国家标准》为普通教育领域文件。显然,特殊儿童随班就读以及随班就读相关的师资培养通常被认为是特殊教育领域的议题,这无疑大大限制了相关政策的执行范围和约束力度。事实上,随班就读的开展和师资培养绝非仅特殊教育领域的事务,相反,普通教师特殊教育素养的培养与整个教师教育领域的改革和教师素养的全面提升密切相关,是涉及整个教师培养体系改革的重要问题,融合教育素养也应当成为所有普通教师专业化发展的重要内容,仅靠特殊教育领域的政策难以发挥预期的推动作用,这也是造成当前政策执行受阻、政策影响受限的主要原因。

五、完善政策的对策建议

（一）提升相关规定的约束力和强制力

根据上述分析结果，在对普通师范专业开设融合教育课程进行要求的政策语言表述中，大量使用了"鼓励""支持""有计划地"等倡导性词语，更重要的是缺乏对于落实情况的监督机制，使得相关规定的整体约束力和强制力有限，导致大多教师教育机构，尤其是本身尚未设立特殊教育专业的普通教师培养院校未能对该问题予以充分重视，执行效果不佳。随着我国随班就读的大力开展以及普通教师对于特殊教育素养需求的不断提升，在普通师范专业开设必要的特殊教育课程已成为教师教育改革的迫切需要和必然趋势，因此，相关政策在表述上可进一步提升约束力和强制性，并增加监督保障机制，使其真正成为推动随班就读质量提升的一项必然要求和有效举措，提升各级教育行政部门和高等师范院校对普通教师融合教育素养培养重要性的认识，从而加快政策的落实速度，提高落实水平。

（二）在充分调研的基础上进行更加详尽、具体的规定

毋庸置疑，当前相关政策执行效果受限的主要原因在于仅对普通师范院校开设特殊教育相关课程进行鼓励和倡导，并且

第一章 普通师范专业融合教育课程建设的背景和政策分析

从 1989 年第一个相关表述出现后 30 多年来大多以类似的重申为主，近年来虽然有一定的丰富和突破，但均未进一步对相关课程的性质、内容、师资力量、保障条件等问题作出具体规定。加之，普通教师特殊教育素养的培养与传统的教师培养不同，是 20 世纪八九十年代以来随着国际融合教育和我国随班就读发展而出现的新问题、新挑战，从世界范围来看并没有成熟的、经过实践充分检验的方案和模式，且各国融合教育发展的背景、条件、现状、水平以及教师教育课程模式、体系等均差异较大，需充分从我国随班就读发展的现实情境出发对课程进行建设和论证，并在我国现有教师培养课程体系下寻求合理的切入方式，这些初期存在的困难使得一些教师教育机构虽然意识到了师范生融合教育素养培养的重要性，但也因为不知道开设什么样的课程、包含哪些内容，或者学校缺乏特殊教育专业教师而无从开起。即使是已经在普通教师培养方案中增设特殊教育课程的学校中，也存在缺乏统一、核心的规范和导向，课程开设的持续性、内容的科学性和有效性不足等问题。因此，必须建立在前期充分调研的基础上，提高规定的科学性和可操作性，同时增加配套的实施细则和具体措施。对于普通师范专业开设的融合教育课程，需通过专家论证、实地调研等方式确定课程的主要内容或领域，了解当前教师教育机构特殊教育专业人才的配备情况，开设相关课程可能存在的障碍和问题，从而在政策表述中有针对性地进行强调和澄清，为教师教育机构真正落实政策提供具体参照和指导，而非仅从方向上要求和引导。

（三）将在普通师范专业开设融合教育课程的要求写入教育领域其他有关法律和文件中

从收集到的相关政策来看，对普通教师特殊教育素养培养进行要求的表述基本上出现在特殊教育领域的政策中，仅有两项来自普通教育领域，但均为部门规范性文件，从效力级别上来讲相对较低。因此，应当以适当方式将普通教师融合教育素养的培养整合入普通教育或师资队伍建设的相关政策中，将其真正作为每一个普通教师专业化发展中的必备内容，有效提高普通教师教育领域对融合教育素养的关注和认同，使普通教师融合教育素养的培养成为整个教师教育领域需要面对和解决的议题，从而从顶层设计的高度重新建构教师教育课程体系，并在改革和实践中予以落实。

第二章　随班就读实践中普通教师的融合教育素养研究

杜威等人的课程观告诉我们，课程目标的定位、课程内容的选择和编排，应当直接指向社会实践的需要，以社会实践活动对人的素养要求为依据。因此，对于普通师范专业融合教育课程的构建，其核心问题便是：特殊学生的加入给普通教师带来什么样的问题和挑战？一名能够成功胜任随班就读教学和管理工作的普通教师应该具备怎样的融合教育素养？我国当前的随班就读现实情境对教师素养的诉求表现在哪些方面？哪些素养可以并且必须以课程的方式在职前培养阶段给予师范生们，以帮助他们在真正进入教学岗位后能更好地适应并胜任随班就读工作？这些看似经过不少专家、学者讨论的问题，其实并没有得到真正科学、严谨的探究和证明，而明确这些问题却是教师职前培养中融合教育课程构建的基石。只有真正明确了实践的需要，才能构建出能够服务实践、提升师范生实践能力的有效课程。

基于上述认识，首先，本章将对一般教师素养结构进行总结和分析，明确融合教育教师素养的分析思路和框架。其次，在理论框架和构建策略的指导下,对随班就读教师的专业素养进行全方位的深入探究。具体途径和资料来源包括:(1)国内外相关文献的梳理和理论分析;(2)国内外普通教师标准中对于教师融合教育素养的规定和要求的概括和总结;(3)深入一线对我国随班就读现实情境进行观察和分析;(4)对在职随班就读教师进行问卷调查;(5)对表现优异和表现一般的随班就读教师进行深度访谈。最后,对上述多种渠道和方式获得的研究资料进行对比、提炼和概括,真正明确普通教师在我国当前随班就读的现实情境中应当扮演的角色和具备的素养,为普通师范专业融合教育课程的科学构建提供重要的基础和来源。

第一节　教师专业素养一般结构分析

明确教师专业素养的结构,能够为具体素养内容的构建和分析提供合理有效的指导框架。随班就读教师本质上仍是一名普通教师,只是因为班中特殊儿童的加入使其工作内容发生了改变,在其素养各个维度的内容上需要针对随班就读这一现状有所丰富和拓展,但就教师素养的基本结构来说,与所有教师具有一致性。因此,在对随班就读教师专业素养的具体内容进行分析时,应当先明晰教师专业素养的一般结构,以获得分析框架和依据。

教师素养及其结构是教育学和心理学领域长久以来共同关

注的问题。著名心理学家林崇德将教师素养定义为,"教师在教育教学活动中表现出来的、决定其教育教学效果且对学生身心发展有直接而显著影响的思想和心理品质的总和"。[1] 顾明远则关注到了教师素养的行为维度,认为教师素养是"教师为完成教学任务所应具备的心理和行为品质的基本条件"。[2] 总之,教师素养是一系列能够帮助教师成功胜任教育教学工作的、具有较强专业性的条件的总和,是教师职业专业性的综合体现。

随着人们对教师职业以及教师专业化发展理解的不断深入,不同的人对其有不同的认识,并通过经验总结、理论分析与实证研究等方式对教师素养的结构进行研究。

孔子的"学而不厌,诲人不倦",是我国古代代表性较强的对于教师素养结构的观点,认为教师应当具备广博的知识和对教育事业的情怀,即知识和精神两个维度。当代关于教师素养结构的研究中,有以下几种较为典型的观点:林崇德最早通过问卷的方法对中小学教师的素养结构进行了探索,认为教师素养系统在结构上应当包括职业理想、知识水平、教育观念、教学监控能力以及教学行为与策略五个相互作用的因子,其中教学监控能力处在教师素养的核心地位,并据此建立了教师素养模型。[3] 随后林崇德又将教师素养进一步归纳为教师师德、知识和能力三个方面。叶澜认为,教师的专业素养应当包括三方面:

---

[1] 林崇德,申继亮,辛涛.教师素养的构成及其培养途径[J].中国教育学刊,1996(6):16–22.
[2] 顾明远.教育大词典(卷2)[Z].上海:上海教育科学出版社,1990:16.
[3] 林崇德,申继亮,辛涛.教师素养的构成及其培养途径[J].中国教育学刊,1996(6):16–22.

第一，与时代精神相通的教育理念。这是教师专业行为的理性支点，具体表现为教育观、学生观和教育活动观。第二，多层复合的知识结构。包括与当代科学和人文两方面的基本知识，以及工具性学科的扎实基础和熟练运用的技能技巧；1~2门专门性的学科知识与技能；教育学科类知识。第三，当今社会赋予教师的责任和权利，包括交往能力、管理能力和教育研究能力。[1]实际上，叶澜认为的教师素养结构可以概括为：教育理念、与学科相关的知识和技能以及其他一般能力。顾明远认为，教师素养应当包括职业意识（对教育事业和青少年儿童的热爱）、业务能力（能够熟练地对学生进行知识传授并发展其智力）、心理素养（做到为人师表，恰当处理教育教学中的人际关系）。[2]

另有其他研究者通过理论思考或实证研究对教师素养结构进行了尝试性的探讨。例如胡艳等人强调教师具备服务社会、服务人类的追求和高度的责任感；良好的教师职业道德；较强的教育理论和教学实践能力；扎实的文化素养和学科专业知识；进行研究和反思的能力。[3]汪波通过探索性因素分析，认为教师素养由思想素养、心理素养、业务素养、科学素养和身体素养。[4]除此之外，还有研究者对教师素养结构进行探析的角度稍有不同，将教师的个性、经验及其具体操作模式纳入教

---

[1] 叶澜.新世纪教师专业素养初探[J].教育研究与实验，1998（1）：41-46.
[2] 顾明远.未来教育面临的困惑与挑战[M].北京：人民教育出版社，1999：101-102.
[3] 胡艳，刘东敏，刘永明.关于影响中小学教师基本素养因素的探讨及其素养内涵的理解[J].高等师范教育研究，2000（6）：50-57.
[4] 汪波.教师素质结构主要因素的研究[J].教育理论与实践，2001（4）：37-40.

师素养的结构中。❶

国外对于教师素养结构的探讨同样由来已久。欧洲教师教育协会指出，"教师素养是一个综合、概括的概念，不仅包含知识和技能，更包含一定的个性因素（尊重、关怀、勇气、同情等）、个人价值、态度、身份认同、信仰等"。❷阿瑞恩（Arnon）和赖歇尔（Reichel）将目前教师素养结构研究中的主要观点总结为：理想教师的素养结构中最重要的两个组成部分是专业知识（既包括学科知识，又包括教学法知识）和适合教学的个性品质。❸根尼普（Gennip）和弗里泽（Vrieze）从教师角色的核心内容出发，认为一名好教师的完整素养结构应当包括学科内容知识和相应的教学法、其他教育教学干预策略以及教师的个性品质或品格。❹由此可见，国外对于教师素养结构的界定与我国学者并未存在显著的差异，但在国外文献中通常使用"个性品质或品格"这一表述来指代教师素养中除知识和技能之外的内容，而非"态度""理想""精神"等。国外对"个性品质"的界定主要包含两方面的内容：一是不能通过教授而获得的个性品质，即个体的个性特征、身份和信仰等；二是个体由于承担某种专业角色而应具备的，是可以通过教授来获得的品格。

---

❶ 邓志伟.再论教师的教育素养［J］.外国教育资料，1998（5）：71-80.
❷ ATEE（Association for Teacher Education in Europe）. The Quality of Teachers: Recommendations on the Development of Indicators to Identify Teacher Quality［R］. Policy Paper，2006.
❸ ARNON S, REICHEL N. Who Is the Ideal Teacher? Am I? Teachers and Teaching: Theory and Practice［J］. Teachers and Teaching，2007，13（5）：445.
❹ GENNIP H V, VRIEZE G. Wat Is de Ideale Leraar? Studie Naar Vakkennis, Interventie en Person［D］. ITS: Radbout Universiteit Nijmegen，2008.

综观国内外的相关研究，对于教师素养结构的观点和认识虽然具有一定的差异，但更表现出较强的一致性，即均从教师胜任教学工作所必备的知识、技能以及教育理念（态度、心理）三方面进行规定，分别作为教师素养的动力系统、知识系统和能力系统。❶我国 2012 年颁布的《小学教师专业标准》及《中学教师专业标准》中均从专业理念与师德、专业知识以及专业能力三个方面对教师应具备的素养进行规定，表现出对教师素养结构三因素的认可和重申。

如前所述，明确教师素养的一般结构是探讨随班就读教师素养的基础和前提，因为随班就读教师素养是在一般教师素养的基础上进行的拓展和丰富，本研究也将以此为分析框架，从专业态度（情感）、专业知识和专业技能三个方面对随班就读教师素养进行探究和分析。需要说明的是，本章的讨论仅关注教师在随班就读情境下教师需要突出强调和具备的品质，而不关注其一般教学技能、学科知识等素养。

第二节　随班就读实践中普通教师的融合教育素养研究

明确我国当前随班就读情境下对教师素养的现实诉求是普通师范专业融合教育课程构建的基本前提和基础。虽然对于随

---

❶ 马超山，张桂春. 教师素质结构模型初探［J］. 辽宁师范大学学报（社会科学版），1989（4）：33-36.

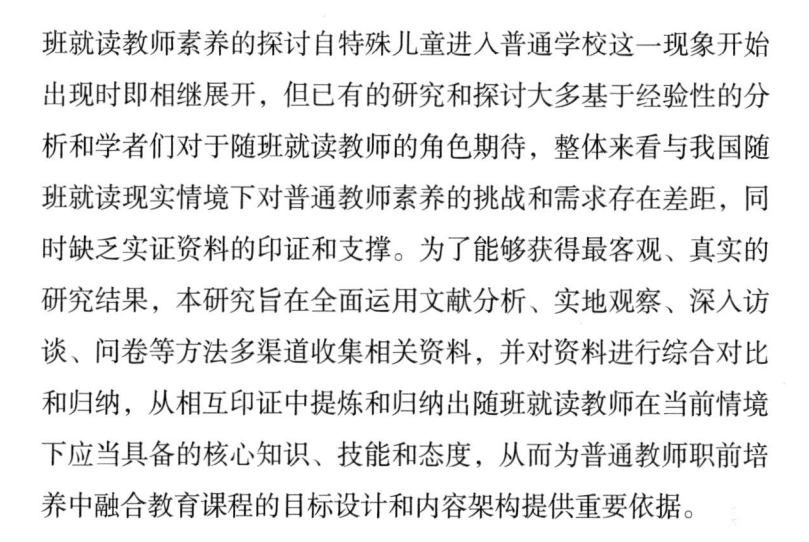

班就读教师素养的探讨自特殊儿童进入普通学校这一现象开始出现时即相继展开，但已有的研究和探讨大多基于经验性的分析和学者们对于随班就读教师的角色期待，整体来看与我国随班就读现实情境下对普通教师素养的挑战和需求存在差距，同时缺乏实证资料的印证和支撑。为了能够获得最客观、真实的研究结果，本研究旨在全面运用文献分析、实地观察、深入访谈、问卷等方法多渠道收集相关资料，并对资料进行综合对比和归纳，从相互印证中提炼和归纳出随班就读教师在当前情境下应当具备的核心知识、技能和态度，从而为普通教师职前培养中融合教育课程的目标设计和内容架构提供重要依据。

一、研究方法

（一）文本分析法

已有的相关学术文献、官方权威的教师专业标准等通常都是教育实践对教师素养要求的直接体现和凝练，是对随班就读教师专业素养进行研究的重要资料来源。因此，本部分文本分析的对象包括两大类：第一类为直接对随班就读教师或融合教育教师素养进行探讨的学术文献，包括相关的学术论文、专著、专题报告等；第二类是目前美国和中国现行的官方普通教师专业标准或培养标准。通过对上述两类文本的系统分析和梳理，在一定程度上明确目前学术界对于随班就读教师素养的基本观点和认识。

1. 学术文献的收集与分析

（1）学术文献的收集与检索。

为了从理论、经验上了解学者对随班就读教师素养的基本认识和观点，本研究首先对国内外与融合教育或随班就读教师专业素养进行探讨的相关研究、著作进行广泛收集和筛选，具体情况如下：

中文部分，以"融合教育教师""全纳教育教师""随班就读教师""专业素养""专业能力""专业态度""专业理念""胜任力"等及其组合为关键词在中国知网数据库中进行搜索，筛选公开发表在正式学术期刊上、旨在对随班就读教师素养进行直接探讨或以融合教育或随班就读对教师素养的要求和挑战为角度进行论述的研究文献，包括理论分析、经验总结以及实证研究等，并从重要文献的参考文献出发进行查缺补漏，力求全面。此外，对目前已经出版的关于全纳教育、融合教育等著作进行手动检索，筛选其中关于教师素养要求的内容。

英文部分，以"inclusive education""inclusive practice""teacher quality""teacher competence""teacher preparation"等为关键词在ProQuest、EBSCO、Eric等外文数据库中检索相关文献。由于文献数量庞大，将最终入选的文章限定为2000年以后的、发表在"同行评审"（peer review）期刊上的文章。

（2）学术文献内容的归纳和提取。

为进一步确定已有研究成果中对随班就读教师应具备的知识、技能和态度的探讨，本研究采用内容分析法对所收集的文献内容进行归纳和分类。内容分析法是一种通过对传播信息内容进行系统、客观和量化描述的研究方法，它适用于对一切可以记录与保存并且有价值的文献进行研究，是一种定性与定量相结合的研究方法。❶内容分析法多用于质性研究资料的分析，但同时也可用于对文献资料内容的提取和比较。❷

首先，笔者将每篇文献中提到的随班就读或融合教育教师应当具备的专业素养条目进行归纳和概括；然后，合并表述相似以及本质相同的条目，例如"对课程内容进行调整的能力"与"设计弹性课程的能力"、"尊重残疾儿童的平等受教育权"与"对残疾儿童进行教育怀有高度责任心"等；最后将出现次数较多的素养条目分别归为知识、技能和态度三类，形成学术文献分析部分的研究成果。

2.教师专业标准对象的确定与分析

（1）教师专业标准对象的确定。

本研究中选取的教师专业标准由两部分组成，分别为目前我国的中、小学教师标准以及美国普通教师专业标准。由于随班就读教师首先是一名普通教师，并且随着随班就读的不断发展和对教师素养要求的提高，每一名普通教师都有可能成为随班就读教师，其间并没有严格界限。需要说明的是，对于随班就读教师来说，不能以特殊教育教师的专业素养对其进行要求，这并不符合随班就读教师的本质身份，缺乏科学性和合理

---

❶ 邹菲.内容分析法的理论与实践研究［D］.武汉：武汉大学，2004.
❷ LINCOLN Y S, GUBA E G. Naturalistic Inquiry［M］. Newbury Park, CA: Sage, 1985.

性。因此，本研究将专业标准分析的对象定位为针对普通教师制定的专业标准，提取其中能够体现融合教育素养的内容条目进行分析。

我国于2012年出台的《小学教师专业标准》(试行)和《中学教师专业标准》(试行)中均体现了融合教育的理念和要求，是我国随班就读教师培养中唯一可以参考的官方标准。美国作为融合教育发展水平较高、对普通教师融合教育素养及其培养关注较早的国家，针对普通教师的专业标准中早有相关内容，形成了对于普通教师融合教育素养规定的完整体系，从教师教育以及教师培养规格上进行全面要求。

（2）教师专业标准的分析和提取。

本研究对中、美两国的普通教师专业标准进行内容分析，提取其中直接体现融合教育特色和与特殊儿童教育相关的条目和要求。对相关内容进行提取的主要思路和步骤为：第一，提取在标准中直接包含"残疾儿童""特殊儿童""特殊需要儿童""children with disablities""children with exceptional needs""children with particular learning needs"等字词的条目；第二，提取标准中要求教师"关注差异""进行课程调整""接纳多样性""营造融合氛围""each student""learning differences""all learners""appropriate adaptions"等能够直接体现融合教育本质特征和要求以及与前期学术文献结果具有共通之处的条目；第三，归纳和合并表述相似的内容和条目；第四，将从标准中提取和归纳的相关表述和条目按照本章第一节中确定的教师素养基本框架分别归为知识、技能和态度三个领域，形成专业标准分析部分的研究结果。

（二）问卷法

1. 对象的抽样及依据

一线随班就读教师对于特殊儿童加入给自己专业素养带来的挑战有着最为直接、强烈的体验，能够为本研究提供最为真实、可靠的信息。因此，为了获取更多普通教师在随班就读实践中对于融合教育知识和技能的主观需求，本研究采取随机抽样和方便抽样相结合的原则，从B市随机选择3个区县中的在职随班就读教师进行问卷调查。问卷调查对象的选取基于以下两点考虑和要求：第一，与教龄较长的老教师相比，教龄相对较短的新教师刚经历过完整的职前培养过程，其对融合教育知识、技能重要性的认识和需求程度更加能够反映出他们在职前培养阶段相关内容的缺失，能够为普通师范专业融合教育课程的构建提供更多、更有价值的信息；第二，由于随班就读实践的特殊性，在现实中仍然有部分教师未能形成对于随班就读工作和特殊儿童的正确态度，进而更加缺乏对教师知识、技能重要性和需求的认真思考，这将直接影响其问卷作答的质量。基于上述两点考虑，本研究将问卷调查的对象限定为教龄在3年以下（包含3年）的新教师，并且借助每个区县进行随班就读教师职后培训的机会进行问卷发放。该类培训均由教师自愿报名参加，并且培训具备一定的系统性和延续性，说明参加培训的教师在一定程度上对于随班就读工作具有正确的认识、思考以及较为强烈的学习动机和坚持性，所提供的观点具备更强的参考意义。

最终,按照上述思路和要求,本研究中发放问卷100份,回收问卷99份,其中有效问卷97份,总有效率97%。所选被试的基本信息如表2-1所示。

表2-1 问卷调查对象基本信息

项目		人数(人)	占比(%)
性别	男	28	28.9
	女	69	71.1
	合计	97	100
学段	小学	75	77.3
	初中	22	22.7
	合计	97	100
学历	大专及以下	14	14.4
	本科	72	74.2
	研究生	11	11.3
	合计	97	100
教龄	1年及以下	27	27.8
	1~2年	19	19.6
	2~3年	51	52.6
	合计	97	100

2. 研究工具

(1)问卷内容及测查方式。

本研究自编《随班就读教师知识和技能需求调查问卷》,以了解随班就读教师在工作中对具体知识和技能重要性的认识

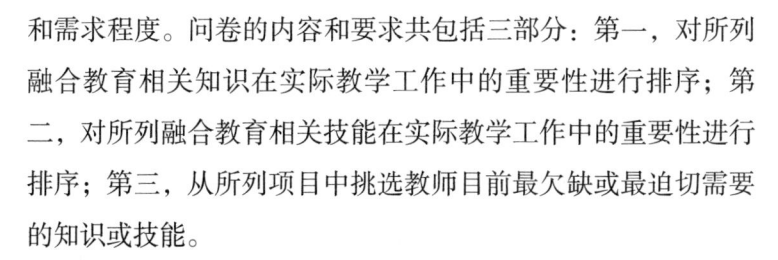

和需求程度。问卷的内容和要求共包括三部分：第一，对所列融合教育相关知识在实际教学工作中的重要性进行排序；第二，对所列融合教育相关技能在实际教学工作中的重要性进行排序；第三，从所列项目中挑选教师目前最欠缺或最迫切需要的知识或技能。

（2）问卷项目的来源。

根据前期对于随班就读教师素养进行研究和探讨的学术文献以及中、美普通教师专业标准进行分析的结果，初步编制《随班就读教师知识和技能需求调查问卷（征求专家意见稿）》（见附录1），包括知识领域的项目5项和技能领域的项目11项，共16项。

（3）问卷的信度和效度。

需要说明的是，由于本研究中使用调查问卷的目的并非对于某个结构化的概念进行系统的评量，而在于调查被试对于问卷中项目的重要性以及需求程度的主观感受和看法，因此不适于进行统计学意义上的结构效度检验。基于本问卷的调查目的，特采用"德尔菲法"的基本原理验证其内容效度。

"德尔菲法"又称作"专家意见法"或"专家函询调查法"，旨在通过多位专家的独立的反复主观判断，获得相对客观的信息、意见和见解，常在教育领域研究的初始阶段使用。根据"德尔菲法"中专家组选取的要求，专家的选择必须基于一定的标准，其中最核心的标准是专家组成员必须是该研究领域内的专家。同时，对于专家组成员的数量并没有一致的观点，一般认为最少10人，以10~30人为宜，因为有研究表明，当专家组成员的规模逐渐扩大时,信度提高到某一点就不再增加了。❶因此,基于上述要求和现实情况,在验证本研究中初试问卷的内容效度时,选取高等师范院校特殊教育以及教师教育专家共16名进行意见征集。首先向其说明该问卷项目的来源以及测查目的,让其对初试问卷所列出的随班就读教师知识和技能项目的适切性进行1~5分评价,然后采用Excel对问卷的项目进行逐项统计分析,各项的平均得分如表2-2所示。

表2-2 专家对于初试问卷项目适切性的平均得分

领域	项目	适切性平均分
知识	各类特殊儿童的定义、分类及特点	5.00
	各类特殊儿童学习和行为特点	4.63
	我国随班就读及特殊教育的相关法律、政策	4.81
	国际融合教育的发展趋势	4.56
	国外融合教育的有效教学策略	4.00
技能	差异教学能力	5.00
	对特殊儿童进行鉴别和诊断的能力	5.00
	对特殊儿童进行多元评估的能力	4.75
	与特殊儿童进行沟通、交流的能力	4.94
	课程调整能力	5.00
	与家长、同事以及专业人员的合作能力	4.56
	实施合作教学的能力	4.25

---

❶ [美]威廉·维尔斯马,斯蒂芬·G.于尔斯.教育研究方法导论(第九版)[M].袁振国,译.北京:教育科学出版社,2010:318.

续表

领域	项目	适切性平均分
技能	和谐环境的创设能力（包括物理环境和心理环境）	5.00
	主动获取他人（特殊教育专家、巡回指导教师等）帮助和支持的能力	4.56
	特殊儿童问题行为的矫正能力	4.81
	班级管理能力	4.88

根据"德尔菲法"惯行的判断标准，一个项目如果在五点量表上被评定的均值达到4分或者更高的话，那么就认为它是重要的和相关的。[1]据此，上述初试问卷中的所有项目均达到了这一标准，因此不进行项目删除，该问卷具有较高的内容效度，经过重新编辑后形成最终问卷（见附录2），用于正式的资料收集。

（4）数据的统计与分析。

利用Excel对问卷收集的数据进行统计分析。

（三）访谈法

为了弥补理论研究、经验分析的不足，充分结合我国随班就读现实情境对于教师素养的要求，本部分研究将对随班就读一线教师进行深入访谈，了解其在随班就读实践工作中面临的挑战及对专业素养的现实需求。具体来讲，本研究主要借鉴和

---

[1] [美]威廉·维尔斯马，斯蒂芬·G.于尔斯.教育研究方法导论（第九版）[M].袁振国，译.北京：教育科学出版社，2010：322.

采用"行为事件访谈法"的思路和做法,该方法是目前构建胜任特征模型的公认的有效方法之一,由美国心理学家麦克莱兰将关键事件法与主题统觉测验相结合而提出。❶该方法要求采用开放式的行为回顾式调查技术,对若干名绩效优异者和绩效平平者进行访谈,要求被访者列出他们在工作中发生的关键事例,包括成功事件和不成功事件两部分,并且让被访者详尽地描述整个事件的起因、过程、结果、相关人物、涉及的范围、影响层面以及当时的想法或感想。研究者按照访谈资料分析的方法对访谈报告进行登录、编码,最终提炼典型事件中影射出的胜任特征,并将绩效优异者和绩效平平者的结果进行对比分析,进而得到最重要的胜任品质。

1. 访谈对象的选择

根据上述"行为事件访谈法"的思路和要求,本研究在进行实践观察的被试学校由主管随班就读工作的副校长协助选取在随班就读工作中表现优异和表现平平的两组被试。其中,"表现优异"的主要标准为:在区县级以上随班就读课例展示、教案设计等各类型直接与随班就读工作相关的竞赛中有过获奖记录;获得过该学校年度"融合教育之星"称号(由于该校对随班就读工作较为重视,每学年均设立该奖项对在随班就读工作中表现优异的教师进行表彰。该奖项的评审需经过个人申报、个人陈述、评委会表决的严格过程);在随班就读教学和管理工作中有着较高声望和认可度。并在这些标准的基础

---

❶ 赵德成,梁永正. 教师培训需求分析 [M]. 北京:北京师范大学出版社,2012:31.

上,结合学校管理者的综合评价和判断。"表现平平"的教师即为基本能够完成与随班就读相关的教学和管理工作、没有出现过与特殊儿童或随班就读相关的教学事故,但在各项评比和竞赛中没有突出表现的随班就读教师。访谈对象详细信息见表2-3。

表2-3 访谈对象基本信息

分组	序号	性别	年龄	所教学科	教龄	随班就读教龄
表现优异	1	男	33	信息技术	10	4
	2	女	35	语文	11	5
	3	女	27	品德	3	3
	4	女	41	语文	15	8
	5	女	32	语文	10	7
	6	女	24	数学	1	1
表现平平	7	男	35	体育	12	8
	8	女	46	语文	23	6
	9	女	33	英语	8	6
	10	女	31	语文	7	3
	11	男	40	信息技术	16	4
	12	女	29	音乐	6	5

2.访谈工具

基于行为事件访谈法的思路和要求,本研究自编《随班就读一线教师访谈提纲》(见附录3)进行资料收集。该提纲主要分为三个部分:第一,对于被访者基本信息的初步了解,包括其所教年级和特殊儿童类型;第二,要求被访者对于成功事件和失败事件进行详细、完整的描述，并引导其对于成功或失败的原因进行主观分析；第三，要求被访者对于目前知识和技能的需求和挑战进行直接探讨。

3. 访谈资料收集

访谈全部在该校的会议室利用教师课余时间采用一对一的方式进行，访谈工作前后共历时 6 天，实际访谈时间共计 11 小时。

4. 访谈资料分析

本研究中使用质性资料分析的一般方法对通过访谈收集的资料进行系统分析。第一，初步整理与阅读原始材料，寻找本土概念；第二，按照研究主题编码登录，抽取最为密切的资料进行编码；第三，运用类属分析法对资料进行归纳总结和深入分析。

（四）观察法

为了更加客观、直观地反映出我国现实情境下随班就读工作对于教师素养的要求，研究者深入随班就读一线的教学情境，对随班就读课堂教学进行观察、记录和分析，充分从实践中的现实问题出发，真正探究一名优秀随班就读教师所应当具备的专业素养。基于博比特"活动分析法"的基本思路，要求研究者从在随班就读教师实践情境的观察中对典型教学活动进行详尽记录和分析，以期充分解构随班就读教师的学校教育教学生活，分析随班就读教学中典型事件和任务对教师素养的需求。

1. 观察对象

本研究选取 B 市随班就读工作开展时间较长、经验较为丰富的一所小学进行实践观察。该小学随班就读学生的规模较大，参与随班就读工作的教师资源也较为丰富。全校共有11名特殊学生随班就读，并且包含我国目前随班就读儿童的主要类型：智力障碍、视力障碍、孤独症等，分布在四、五、六三个年级的不同班级中。本研究即对该小学四、五、六年级三个有特殊儿童随班就读的班级进行实践观察，观察对象基本情况见表2-4。

表2-4　观察班级及随班就读学生基本情况

班级	序号	随班就读学生基本情况
四年一班 （共29人）	1	女，肢体障碍
	2	男，精神障碍（妄想症，仅为教师表述，未明确诊断）
	3	男，轻度智力障碍
五年二班 （共36人）	4	男，注意缺陷多动障碍
	5	男，高功能自闭症
	6	男，视力障碍（低视力）
	7	男，外籍，中度智力障碍
	8	女，轻度智力障碍
六年一班 （共31人）	9	男，自闭症
	10	男，注意缺陷多动障碍
	11	男，轻度智力障碍

2.观察时间

对四、五、六年级三个有特殊儿童随班就读的班级各观察一周，共持续三周，每天全天参与所在班级的教学及管理活动。

3. 观察内容和方式

观察过程中采用非参与式观察方式，对典型事件进行完整、详细的取样记录。观察过程中选取的"事件"是与随班就读特殊儿童直接相关的教学和管理事件，以及教师在对特殊儿童进行教育和管理过程中的行为表现和反应。具体观察内容包括：随班就读课堂中特殊儿童表现出的学习、交流或互动等需要及教师的回应情况；随班就读儿童及教师课间活动中的行为表现；特殊儿童可能存在的问题行为及教师的应对措施；与特殊儿童直接相关的突发事件及教师的应对措施；普通教师在教育特殊儿童中使用的策略和知识及其有效性；新手教师与经验丰富的老教师在随班就读教学中各自的表现特点和差距等。

4. 观察工具

本研究自编《随班就读实践观察记录表》（见附录4），内容包括事件发生的时间、参与人员、背景、详细过程以及事件的性质和结果。该工具能够有效提高事件记录的条理性、系统性和规范性，有助于研究者对其进行解构和反思。

上述四种不同来源的关于随班就读教师专业素养要求的信息和资料能够充分展示随班就读教学的完整生态及目前我国随班就读教师的现实情况，以保证研究的全面性和客观性。通过对不同来源信息的对比和分析，能够把握其中最核心的知识、技能以及态度要求，获得信度和效度较高的研究结果，提高所构建课程的科学性和实效性。

二、研究结果

（一）学术文献提取和归纳结果

综合考虑文献总数以及每篇文章所提取的条目数等因素，本研究将同时在10篇及以上文献中提到的随班就读教师专业素养条目作为核心内容进行概括和提炼，并将其按照本研究预设的素养框架分别归入知识、技能和态度领域之内，其结果如表2-5所示。

表2-5 随班就读教师专业素养的文献研究结果

随班就读教师所需素养维度	条目	代表性文献出处
知识	特殊儿童定义、分类及身心特点	马红英，谭和平，2009；黎龙辉，2001；黄美贤，2010
	特殊儿童学习和行为特点	华国栋，2006；陈玉英，2006；董建伟等，2009
	特殊教育相关法律、政策	黄美贤，2010；郝振君等，2004；王玉美，2008
	融合教育发展	Brownell, M. T., et al., 2010; Sunardi, S.M., Maryadi, Sugini, 2014
技能	差异教学能力	华国栋，2004；唐丽，2007；华国栋等，2009；Anddrews, Lupart, 2000; Broderick, Mehta-Parekh, Reid, 2005

续表

随班就读教师所需素养维度	条目	代表性文献出处
技能	多元、客观诊断与评估能力	唐如前等，2010；沈卫华，2010；陈玉英，2006；Dykeman，2006；Edgemon, Jablonski, Loyd, 2006；Stanford, Reeves, 2005
	沟通、交流能力	郝振君等，2004；王燕妮，2007；唐如前等，2010；董建伟等，2009
	课程调整能力	方俊明，2006；黎龙辉，2001；Clayton, Burdge, Denham, Kleinert, Kearns, 2006；Jung, 2007；Voltz, 2003
	与家长、同事及专业人员合作能力	黄美贤，2010；沈卫华，2010；王美萍等，2008；Cross, Traub, Hutter-Pishgahi, Shelton, 2004；Fitzgerald, 2006；Deppeler, Loreman, Sharma, 2005；Worrell, 2008；Giangreco, Broer, 2005
	实施合作教学能力	唐丽，2007；王燕妮，2007；Casimir & Alchin, 2002；Winter, 2008；Chien-Hui Yang, P.D., 2012
	环境创设能力	黄美贤，2010；李泽慧等，2009；Baglieri, Knopf, 2004；Cummings, Pepler, Mishna, Craig, 2006；Miller, Pedro, 2006；Peterson, Hittie, 2003

续表

随班就读教师所需素养维度	条目	代表性文献出处
态度	承认融合教育的价值和意义	郝振君等，2004；Loreman, Forlin, Sharma, 2007；Forlin, 2002；Sunardi, Maryadi, Sugini, 2014
	接纳学生身上存在的差异性和多样性	沈卫华，2010；王燕妮，2007；Loreman, Forlin, Sharma, 2007；Avramidis, Norwich, 2002
	崇尚教育机会均等	雷江华，2012；Mchatton, 2011

通过上述对相关文献的整理和分析，共归纳出随班就读教师专业素养条目14个，其中知识领域4个、技能领域7个、态度或理念领域3个，技能领域的条目占所有条目数的一半，可见技能领域的要求得到了相关研究更高的关注。

（二）普通教师专业标准研究结果

1. 我国中、小学教师专业标准

由于随班就读教师本身首先是一名普通教师，随着随班就读规模的不断发展和质量要求的不断提高，每一名普通教师都有可能成为随班就读教师，并且在专业化发展中必将面临新的内容，因此随班就读教师与普通教师间并没有严格界限。随着对这一问题的觉察和关注，我国最新出台的《小学教师专业标准》和《中学教师专业标准》中均体现了融合教育的理念和要求，开始对普通教师的随班就读素养进行了最初步的规定。以上述文献研究的结果为基础和参照，对我国教师专业标准中与随班就读教师素养相关的表述进行对照和提取。结果如表2-6所示。

表2-6 我国中小学教师专业标准中关于融合教育素养的规定

维度	《中学教师专业标准》中的相关表述	《小学教师专业标准》中的相关表述
知识	—	了解不同年龄及有特殊需要的小学生身心发展特点和规律
技能	引导和帮助中学生设计个性化的学习计划	—
	利用评价工具，掌握多元评价方法，多视角、全过程评价学生发展	灵活使用多元评价方式，给予小学生恰当的评价和指导
	具有团队合作精神，积极开展协作与交流	具有团队合作精神，积极开展协作与交流
	与同事合作交流，分享经验和资源，共同发展；与家长进行有效沟通合作，共同促进中学生发展	与同事合作交流，分享经验和资源，共同发展。与家长进行有效沟通合作，共同促进小学生发展
	—	创设适宜的教学情境，根据小学生的反应及时调整教学活动
态度	尊重个体差异，主动了解和满足中学生的不同需要	信任小学生，尊重个体差异，主动了解和满足有益于小学生身心发展的不同需求
	尊重教育规律和中学生身心发展规律，为每一位中学生提供适合的教育	—

从对于我国中、小学教师专业标准的分析中可以发现，虽然仅有《小学教师专业标准》中明确指出教师应当了解"有特殊需要的小学生身心发展特点和规律"，但除此之外还有更多虽然没有明确强调针对残疾学生但仍然是教师胜任随班就读工作所必需的素养，均体现了随班就读课堂管理经营和教育教学的基本要求，例如多元评价能力、团队合作能力、尊重个体差异等。具体来看，《小学教师专业标准》和《中学教师专业标准》中规定的具体条目和语言表述略微有所差异，例如前者没有对于教师差异教学能力的要求，后者则没有知识领域的规定。由于本研究将两个标准作为一个整体看作研究对象的一部分，其差异的具体情况及其原因并非本研究关注的重点，此处不做详细论述。虽然这些规定在具体性、全面性甚至科学性上仍有待进一步探讨，但作为我国官方指导性文件中对普通教师融合教育素养正式关注的开始，仍具有重要的参考价值。整体来看，我国中小学教师标准中对普通教师融合教育相关的素养要求主要体现在：知识层面——特殊儿童的身心发展特点和规律；技能层面——多元评估能力、沟通交流能力、合作能力、环境创设能力；态度层面——接纳和尊重个体差异。

2. 美国国家性普通教师专业标准中融合教育素养的相关规定

当前美国的国家性教师专业标准主要有美国州际教师评估与支持联盟（Interstate Teacher Assessment and Support Consortium，InTASC）制定的教师专业标准和美国专业教学标准委员会（National Board for Professional Teaching Standards，NBPTS）制定的

教师专业标准，涉及专业知识、技能和态度等多个方面。不同的是，InTASC的教师标准针对新教师，而NBPTS的标准专门为已经有丰富教学经验的教师制定，满足该标准并通过考试审核的可以获得该机构颁发的高级教师证书。国家性教师专业标准在美国教师质量保障体系中发挥着基础性作用，指引着全美的教师培养工作和所有教师专业发展的方向。虽然美国各州在教师管理方面有着较强的自主性，均有自己本州的教师专业标准，但整体上均与国家性教师专业标准保持一致。

在融合教育理念的渗透和影响下，作为美国教师质量保障体系中的基础性、国家性标准，上述两个标准中都无一例外地包含了大量的关于普通教师融合教育素养的相关规定，体现了融合教育的趋势和要求，从而保障美国融合教育师资的整体质量。

（1）InTASC的教师专业标准（2011/2013）。

该组织隶属于州学校长官委员会（Council of Chief State School Officers），全名是"州际教师评估与支持联盟"（Interstate Teacher Assessment and Support Consortium，InTASC），成员是各州基础教育和中等教育部门的负责人，为主要的教育议题提供领导、支持和技术辅助。该标准最早于1992年制定，在此基础上于2002年颁布了一个名为《残疾学生普通教师和特殊教育教师的示范认证标准：一个州际对话的资源》（*Model Standards for Licensing General and Special Education Teachers of Students with Disabilities: A Resource for State Dialogue*）的文件，针对1992年的每条标准，详细阐明了普通教育教师和特殊教育教师的责任，进一步明确了普通教师在教育特殊儿童方面的终点以及特殊教育教师的起点，对教师培养和自身专业发展具有重要的指导意义。2011年，InTASC对标准进行了修订，颁布《InTASC核心示范教学标准：一个州际对话的资源》(*InTASC Model Core Teaching Standards: A Resource for State Dialogue*)(2011)。需要说明的是，2013年，为了使该标准能够更好地指导新教师的专业成长和生涯发展，InTASC在每条标准后增加"progress"部分，列出教师素养形成的不同阶段，以及各阶段教师的发展重心和要点，出版了*InTASC Model Core Teaching Standards and Learning Progressions for Teachers 1.0*，体现出了纵向深入贯通的特征。但从标准内容本身来看，2011版与2013版没有变化。

InTASC的教师专业标准（2011/2013）共10条，分属于四个领域：学生及其学习（3条）、学科内容知识（2条）、教学能力（3条）以及专业责任（2条）。在每条标准下分别有实践（Performances）、必备知识（Essential Knowledge）以及情感（Critical Dispositions）三方面的要求。除"学科内容知识"领域内的两条标准未涉及对特殊学生进行教学的知识和技能等相关内容，其余8条标准中均有提及，详细内容见表2-7。

InTASC的专业标准专门针对教师制定，细致、全面地规定了一名合格的美国教师在专业实践、知识以及专业情感上需要具备的素养。通过上述梳理发现，整个标准中有大量篇幅对普通教师教育和指导包括特殊儿童在内的多样化学生所应具备的知识、实践、情感进行了规定，大量使用了"diverse"

表 2-7　InTASC 教师标准中对融合教育素养的相关要求

领域	标准	子标准	具体表述
学生及其学习	1.学生的发展	实践	1（b）[1]：教师在考虑学生能力、兴趣以及需要的基础上设计适合学生发展的教学，以促进每个学生学习
		情感	1（h）：教师尊重学生的能力和需要上存在的个体差异，并致力于运用这些信息进一步促进每一个学生的发展 1（k）：教师看重家长、同事以及其他专业人员在理解和支持每一个学生发展中的投入和贡献
	2.学习差异	实践	2（a）：教师能够设计、调整并实施满足学生多样化学习需要的教学，并为用不同方式展示学习过程和结果的学生提供机会 2（b）：为有特殊学习需要的学生提供及时的、合适的帮助（例如与个人学习能力相符的进度安排、恰当的任务要求、有效的沟通、恰当的评估和反馈模式） 2（f）：教师能够对资源、支持、特殊辅助技术和相关服务进行评估，以满足学生的特殊学习差异和需要
		知识	2（h）：教师理解学生的特殊需要，包括残疾学生和超常儿童，并且知道如何使用策略和资源来满足这些需要
		情感	2（l）：教师相信所有的学生都能够达到较高的学习水平，并坚持帮助学生实现最大的潜能 2（m）：教师尊重每一个学生，并且将学生视为有着不同个人和家庭背景、能力、观点、天赋和兴趣的个体

---

[1] 本列中的字母和数字为标准原文中自带的条目编号。

续表

领域	标准	子标准	具体表述
学生及其学习	3.学习环境	知识	3（I）：教师知道学生的多样性将如何影响沟通，并知道如何在不同的环境中与学生高效地交流 3（j）：教师知道如何帮助学生高效地通过彼此合作的方式达到学习目标
教学实践	6.评估	实践	6（e）：教师将为学生提供多种展示知识和技能的机会作为评估过程的一部分 6（g）：教师有效地使用合适的评估数据来确定学生的学习需要，并提供个别化的学习体验 6（h）：教师尽量使所有学生能够满足特定的评估方式，并且特别为残疾学生和有语言学习需要的学生调整评估内容和条件
教学实践	6.评估	知识	6（k）：教师知道不同的测验种类和相应的目的，知道如何设计、调整或选择合适的评估方法来满足特定的学习需要和个体差异，从而尽量减少歧视 6（p）：教师知道如何使所有学生都为评估做好准备，并且知道如何为有残疾和语言学习需要的学生调整评估内容和条件
教学实践	6.评估	情感	6（u）：教师致力于为残疾学生和有语言学习需要的学生调整评估内容和条件
教学实践	7.教学计划	实践	7（b）：教师在进行课程计划时考虑如何满足每个学生的学习需要、如何选择合适的教学策略、进行何种调整、选择何种资源和教材来对个体或小组进行差异教学 7（e）：教师与具备专业知识的专业人员（特殊教师、相关服务提供者、语言学习专家、图书管理员、媒体专家）合作进行教学设计，以满足学生的特殊学习需要

续表

领域	标准	子标准	具体表述
教学实践	7.教学计划	知识	7（i）：教师了解学习理论、人体发展、文化多样性、个体差异以及这些如何对教师制定教学计划产生影响 7（j）：教师理解学生学习的优势和需要，以及如何设计能够满足这些优势和需要的课程 7（k）：教师知道一系列有实证依据的教学策略、资源和科学技术，并且知道如何使用他们来进行教学计划，满足多样化的学习需要 7（m）：教师知道什么时候以及如何获得相关人员（特教教师、相关服务提供者、语言学习专家、图书管理员、媒体专家、社区组织等）的帮助并与其合作
		情感	7（n）：教师尊重学生多样化的优势和需求，并且致力于为其设计高效的课程
	8.教学策略	知识	8（i）：教师知道什么时候以及如何使用合适的策略进行差异教学，使所有学生都参与到复杂的思维和有意义的学习任务中
		情感	8（p）：教师在设计和调整教学的时候致力于加深对多样化学生的优势和需要的意识和了解
专业责任	9.专业学习和伦理实践	知识	9（j）：教师了解与学生权益和教师责任相关的法律（例如教育公平、适合于残疾学生的教育、保密、隐私、恰当的干预、主动报告可能发生的虐待儿童的行为）
	10.领导和合作	实践	10（b）：教师与其他学校专业人员合作来进行课程规划和学习，以满足学生的多样化学习需要

"differences""each learner"等强调个别化差异和需要的词汇,体现了鲜明的融合教育特色。在"学生及其学习"领域下的三条标准中,不仅要求教师能够了解并尊重残疾学生在能力、兴趣等方面表现出的差异性和个别需要,还要知道如何利用已有的资源、支持来满足这些需要,同时从情感上真正接纳并尊重每一个具有特殊需要的个体,在实践、知识和情感上均对此进行了要求。"教学实践(能力)"是标准的核心部分,提及特殊儿童和多样性的篇幅也更多。在其下的三条标准——评估能力、课程计划能力以及教学策略方面频繁体现融合教育的要求,例如为残疾学生和有语言学习需要的学生调整评估内容和条件、对为残疾学生提供的教育教学和相关服务的质量进行评估、在进行课程设计时针对残疾学生的要求进行调整、与多个领域专业人员合作进行教学设计、在恰当的时间采用合适的策略进行差异教学、致力于所有学生的平等参与等,这些要求同样在实践、知识和情感上均有所体现。在"专业责任"领域,"专业学习和伦理实践"标准的知识要求中,指出教师应当了解与为残疾学生提供合适教育的相关法律;在"领导和合作"标准的实践要求中再次强调教师应与专业人员合作进行课程计划和教学,以满足多样化学生的需要。

总体而言,该标准中对于普通教师融合教育素养的相关规定体现出如下特点:

第一,实践、知识以及情感方面要求较为均衡。从每条标准下涉及特殊儿童及多样性的条目内容来看,属于"实践"和"情感"范围的各有5条,属于"知识"范围的有6条,总体上表现出较为均衡的特点，说明对特殊儿童进行教育对于普通教师来说需要在知识、实践以及情感方面均增加新的内容，进行全方位提升和更新。不仅需要在知识体系中增加新的内容，更要注重在实践中进行有效应用，发现新旧知识的联系，在新的教学环境中调整和应用已习得的教学策略，将特殊儿童作为常规教学指导工作的一部分。同时更重要的是，要从情感上接纳特殊儿童，尊重每个学生身上表现出的个体差异，将促进所有学生参与并有效学习作为自身的专业责任，并将提高差异教学能力和对特殊儿童的指导能力纳入专业发展的内容中，致力于更好地为所有儿童提供适合的教育。

第二，条目表述详细、清晰、有针对性。该标准从表述上来看非常清晰，并且每个条目的陈述针对性较强，对普通教师在教育特殊学生方面的具体要求进行了明确的规定。例如，标准在指出要求普通教师与其他专业人员合作进行教学的同时，进一步具体指明各类专业人员包括哪些，即特殊教师、相关服务提供者、语言学习专家、图书管理员等，使职前教师更明确自己的身份和工作内容，这种明确的指向性能够使实施教师职前教育项目的机构和教师能更有针对性地开展培养工作；再如，在教学计划方面，标准明确指出了教师在差异教学时需要考虑的具体内容，即如何选择合适的教学策略、进行何种调整、选择何种资源和教材；在评估领域，又特别强调要为有残疾和语言学习需要的学生调整评估内容和条件，充分利用客观评估的数据来鉴别学生的个别化需要，等等。由此可见，该标准对普通教师在对特殊学生进行教学和指导方面所需具备的知识、实践能力进行了较为具体、明确、细致的规定，可操作性较强，这为教师培养项目的管理者制定培养方案、授课教师进行课程计划以及职前教师自我完善都提供了清晰、有效的向导，也为标准最终能够发挥实际指导作用奠定了坚实的基础。

第三，将残疾儿童纳入"多样性"的概念框架中进行对待和强调。与我国不同的是，美国融合教育的内容和对象更加宽泛，不仅包括残疾儿童、超常儿童等普遍意义上的特殊需要儿童，还包括大量在种族、语言以及家庭社会背景与主流社会有较大差异的弱势儿童，与前者相比，后者的数目甚至更多，因此在相当长的一段时间内，"多样性"成为美国教育改革和教师培养重点关注的方面，也是教育是否能够体现核心价值的重要指标。在所有标准的表述中，"残疾"（disability）儿童均被纳入学生"多样性"（diversity）的类别之中，这说明"残疾"并不是一种极其特殊、需要完全特殊对待的状态，而是"多样性"的众多表现形式之一。在InTASC标准的定义中，"多样化的学生"指的是由于性别、语言、文化背景、能力水平、残疾、学习风格以及（或）社会经济地位的影响而在学业技能习得方面需要不同教学策略的学生。"多样性"主要体现在两个方面，首先是"个体间差异"，包括个性、兴趣、学习风格、生活阅历等；其次是"群体间差异"，例如种族、能力、性别认知、性别表达、性取向、国籍、语言、宗教、政治立场、社会经济地位等。由此可见，美国对教育对象的定位具备非常强大的包容性，而不专门强调某一类别学生的特殊性，真正体现了融合教育的价值所在,这一标准也让职前教师将对残疾学生进行教育自然地作为教学工作的一部分,并在思想、学习和实践中践行并实现"多样性"。

第四,重点强调普通教师在提高特殊儿童认知、学业能力方面需达到的标准。综观整个标准,对普通教师的要求往往集中在提高有特殊需要儿童的学业能力上,例如,强调普通教师应当理解儿童的特殊性对其学业能力的影响,并通过使用不同的教材和教学策略满足特殊儿童的学习需要,同时使所有的学生都参与到有意义的思维活动和学习任务中,等等,这些对普通教师的标准最终均指向学生的学业能力。由此不难看出,该标准较为重视普通教师在帮助特殊需要儿童取得学业进步方面应当具备的知识、实践以及情感素养,更加关注特殊儿童在普通班级的课程融合,而对特殊儿童社会交往能力、语言表达能力、情绪控制能力等非学业技能进行训练的要求并未占重要篇幅。

(2) NBPTS 的教师专业标准(2016)。

美国专业教学标准委员会,成立于 1987 年,成员大多是一线教师,致力于建立高水平教师的标准。1989 年,该机构颁布了《教师应当知晓并会做什么》(*What Teachers Should Know and Be Able to Do*),即高级教师标准的"五个核心主张",并于 2016 年进行了修订。每个主张下有若干具体条目。以此为基础,该机构还制定了针对各个不同类别教师的标准,例如艺术教师、数学教师、体育教师、英语教师、特殊教育教师等。需要特别说明的是,NBPTS 制定的标准仅针对在职教师,他们通过递交材料、参与考试等方式通过资格考评后,即可获得

NBPTS颁发的高级教师证书。为了考察NBPTS标准中对教师教育特殊儿童能力的要求，需要对其核心主张的相关内容进行充分挖掘。五个核心主张中有两个涉及对特殊需要儿童进行教育的相关内容，具体如下。

核心主张一：教师应致力于学生的发展和学习

该主张除指出教师应当识别每一个学生的个别化需要并以此为基础来调整实践之外，还有一个条目规定"教师公平地对待所有学生"，其中进一步要求教师对所有学生给予公平的关注，教师与学生以及学生之间的关系不会因能力差异、残疾或障碍、社会或文化背景、语言、种族、宗教或性别等原因造成的偏见而受到影响。

核心主张五：教师应成为学习团体的一员

该主张下的标准条目之一为"教师通过与其他专业人员合作来提高学校的整体教学质量"，指出高级教师应当充分关注全校范围内的合作才能实现有效学习，并为所有学生提供具有连续性和公平性的学习体验，这种合作通常跨越学科、年级，并同时包括常规教育和特殊支持。优秀教师应当能够为学生安排好相关服务，与不同领域的专业人员联合，保障相关服务的有效性和一致性。他们支持融合教育，为有着一系列特殊需要的学生创设合适的学习环境，这些学生包括肢体障碍、感官障碍、行为障碍以及超常儿童等。此外，该条目还特别指出随着"回归主流"实践的深入开展，越来越多的特殊儿童被安置在最少限制环境即普通教育环境中接受教育，这一现状迫切要求普通教育教师和特殊教育教师进行有效合作。

综上，NBPTS 高级教师标准在对特殊儿童进行教育方面的规定主要基于两个坚定立场，即普通教师必须公平地对待包括特殊需要学生在内的所有学生，并与其他专业人员合作对其实施有效的教育。需要注意的是，在具体的对教学知识和策略的核心主张中，明确指出针对残疾儿童等特殊需要儿童的表述并不多见，但在叙述过程中同样强调差异教学、多元评估等能力，例如"在评估时认识到所有的学生不可能同时学会完全一致的内容，其学习速度也不尽相同""教师针对个体进行教学，而非整个班级"等。这说明对于高级教师来说，更应当将对特殊儿童进行教育和指导自然地作为工作内容的一部分，而不是过多刻意地关注和强调。

（3）上述普通教师标准中融合教育素养相关规定的共同特征。

美国两个与教师质量有关的国家性标准中，InTASC 标准针对所有新教师应具备的知识和技能进行规定，详尽而具体；NBPTS 制定的"核心主张"是每个想要成为高级教师的教师所应满足的基本要求，水平更高。这为美国教师队伍质量的整体提升奠定了坚实的基础。综观其中对普通教育教师指导特殊需要儿童能力的相关要求，虽然由于制定主体和颁布时间的不同上述标准在部分内容和侧重点上存在一定的差异，但仍表现出以下共同特征：

第一，将残疾作为多样性概念框架中的有机组成部分而非作为单独的类别强调。在上述标准中，直接针对"残疾"（disability）的专门表述并不多见，大多见于对"多样性"

(diversity）进行举例和进一步阐述的语句中，这充分说明，"残疾"并不是所有教育对象中的一个特殊类别，而是包含在更广泛的学生"多样性"的概念框架中。"残疾"与国籍、种族、家庭背景等其他儿童所具备的其他个体特征一样，虽然具有一定的特殊性，但这种差异仍在"多样性"的范围之内，是每个教师都应当主动、自然地接纳和关注的内容，而不是将其作为一种异常的状态"特殊对待"，更好地体现了融合教育的精神实质。

第二，在专业情感和态度上要求普通教师接纳特殊学生。除针对特殊学生所需要具备和突出强调的知识和技能之外，在所有标准的"情感"（或"态度"）领域，均加入了"接纳具有多样化能力和背景的儿童""致力于所有学生的共同参与""认可每个学生身上所存在的个体差异""不对特殊需要儿童持偏见和歧视态度"等内容，可见对于普通教师来说，从情感和态度上接纳特殊需要儿童，是其进一步学习并训练相关知识和技能的重要前提。

第三，突出强调教师获取资源以及与他人进行合作教学的能力。两个标准对普通教师教育特殊需要儿童能力的相关规定中，另一个受到共同强调和关注的方面是合作能力，无论是作为一个专门的条目呈现，还是渗透在"教学技能""评估"等条目中进行阐述，都对教师与其他专业人员合作进行教学设计、实施的能力提出了明确要求。为特殊需要儿童提供恰当的教育必定需要额外的专业支持和服务，例如特殊教育教师、专业治疗师、校园工作人员等，普通教育教师应当在充分了解学生需要的基础上有目的地为其寻求专业帮助和资源，并开展有效合作。这一标准进一步明确了普通教师在教育特殊需要儿童方面的角色和义务，强调了合作教学这一基本素养。

经过对上述三个标准的综合分析与核心内容的提取，将其中对于普通教师融合教育素养的相关内容和要求按照知识、技能和态度的专业素养框架总结如表 2-8 所示。

表 2-8　InTASC、NBPTS 标准中对普通教师融合教育素养的规定汇总

领域	InTASC	NBPTS
知识	理解学生的特殊需要 知道如何与特殊儿童进行高效的沟通与交流 具备多元评估的相关知识 心理发展、个体差异等相关理论 知道何时、如何获得哪些人员的帮助 了解与残疾学生权利与教师责任相关的法律	
技能	差异教学能力 课程调整能力 对学生多元评估能力 对服务和资源进行评估能力 沟通、交流能力 个别化教学能力 合作教学能力	与特殊教育教师及全校范围内相关人员进行合作
态度	尊重学生的个体差异并致力于满足这些差异 充分相信和尊重每个学生	公平地关注所有学生，不因学生的残疾或障碍怀有偏见

（三）访谈研究结果

对访谈全程进行录音，并对资料进行人工转录、登录、编码与分析。最终，本部分共获得16个小时的访谈录音以及11万字的访谈资料。

1.访谈资料的登录

登录是寻找意义的过程，是一个将收集的资料打散，赋予概念和意义，然后再以新的方式重新组合在一起的操作化过程。❶首先，需要通过对转录资料的反复浏览、阅读，将访谈资料中对本研究问题有重要意义的内容进行"设码"，即寻找资料分析中最基础的意义单位；其次，按照确定的"码号"将其在文稿中的出现次数进行标注和统计。登录的过程并非一蹴而就，可以按照实际需要进行再次或多次登录，每次登录时将相似的"码号"进行意义合并，以获得最清晰、简洁、科学的分析单元。

在"行为事件访谈法"分析思路和操作步骤的指导下，根据本部分访谈的研究问题和目的，即探索普通教师在应对特殊学生和随班就读工作时遇到的挑战和需求，以及经验丰富的随班就读教师与新承担随班就读工作的教师在素养品质上表现出明显差异，对访谈资料进行整理和分析。需要说明的是，本研究的访谈资料不仅包括被访者对典型成功事件的详细描述，用以提取随班就读教师的胜任品质，还包括被访者对典型失败事

---

❶ 陈向明.质的研究方法与社会科学研究［M］.北京：教育科学出版社，2000：279.

件的描述和工作中挑战与需求的主观表述，以对随班就读教师专业素养需求进行综合分析。

通过对被访者话语中直接或间接体现出的与研究目的相关的核心内容进行意义提取，对本研究资料的首次登录共确定20个"码号"，并在分析、归纳的基础上对其进行第二次登录，最终获得11个条目：对特殊儿童态度和特殊儿童观、对随班就读工作的认识、对融合教育价值的认识、和谐接纳环境的建设、特殊儿童行为问题处理和矫正、与普通儿童家长沟通能力、与特殊儿童沟通能力、了解特殊儿童身心发展特点和规律、专业支持的获取能力、课程调整能力以及测验调整能力，用以代表随班就读教师在工作中所需的素养（见表2-9）。

2.访谈资料的编码

对访谈资料中最有价值的核心内容进行登录后，需要以此为基础建立编码系统，即将所有的码号按照一定的分类标准组合起来。❶

通过对最终登录结果中的11个随班就读教师素养条目的分析和归纳，结合本研究中对于教师素养结构的分析框架，将上述条目分别归为态度层面、知识层面和技能层面。态度层面的素养包括：对特殊儿童态度和特殊儿童观、对随班就读工作的认识、对融合教育价值的认识；知识层面的素养仅包括了解特殊儿童身心发展特点和规律；技能层面的素养包括：和谐接

---

❶ 陈向明.质的研究方法与社会科学研究[M].北京：教育科学出版社，2000：286.

表2-9 访谈资料分析和登录结果

首次登录码号	两类教师成功事件中体现该条目的频率比①	所有教师失败事件中体现该条目的次数及主观需求表达的次数之和	示例	最终登录结果
认可特殊儿童应该在普通班级学习	7∶2	4	（1）"随班就读的尝试是很好的，很多程度比较好的学生在特教学校根本吃不饱，来普通学校虽然慢点，但还是能多学很多东西，起码能有一个正常的环境。" （2）"其实特殊学校对特殊儿童的学习和发展更好些，自己有用的东西，比如一些职业技能。" （3）"只有程度非常好的，基本能跟上的才应该来普通学校，毕竟老师们的专业知识和同精力都太有限了。至少我觉得不是所有的特殊儿童都应该来普通学校，应该全面考虑。"	对特殊儿童态度和特殊儿童观

① 该频率比中的数值分别为相应的码号在经验丰富的教师与表现一般的教师典型成功事件描述中出现的实际次数，未进行约分。

续表

首次登录码号	两类教师成功事件中体现该条目的频率比	所有教师失败事件中体现该条目的次数及主观需求表达的次数之和	示例	最终登录结果
认为特殊儿童具备同样较强的学习能力	6：1	2	（1）"很多特殊学生，尤其是自闭症孩子，他们智力是没有问题的，而且还可能有突出的能力，比如记忆力、想象力，我们班那个能把所有的地铁线路图画下来，语文课文背得也很快，一开始我特别惊讶。" （2）"这些孩子并不是啥都学不会，我觉得能多学一些他们需要的，力所能及的，就是收获。" （3）"有的孩子就是不怎么捣乱，也不影响别人，但是很多知识他真学不会，他也痛苦，我们老师也痛苦。" （4）"现在班里的一个智障的孩子，除了语文课能认识几个字词，其他时间都基本在自己玩，老师也没法教。"	对对殊儿童态度和特殊儿童观
不因随读学生成绩不计入考核而庆幸	6：3	5	（1）"他们的成绩倒是不算，但是老师不能因为这个就完全不管他们。" （2）"原来最初的担心就是他们的成绩怎么算，会不会影响班里的平均分，现在好的是班里正式的随班就读学生，他们会有一个'证'，他们的考试成绩不计人考核。" （3）"他们（随班就读学生）成绩不和普通学生一起算，但是考试都是一起的，就是体验考试的过程，也我对老师相对公平一些。"	儿童观

72

续表

首次登录码号	两类教师成功事件中体现该条目的频率比	所有教师失败事件中体现该条目的次数及主观需求表达的次数之和	示　例	最终登录结果
不认为教师工作量因特殊学生的加入明显增大	11∶6	3	（1）"在这种大班级里面对他们的顾及或者那种关注，肯定要少，要想很好地照顾特殊儿童，老师肯定需要额外的精力。" （2）"时间和精力的投入和要求都更多了。" （3）"每学期除了对普通学生工作的汇报总结以外，还要定期完成随班就读工作的总结，有时候也要参加区里的有关培训。"	对随班就读工作的认识
不认为教师心理压力因特殊学生的加入明显增大	9∶4	3	（1）"第一次接触特殊儿童，其实我也特别害怕教不好。" （2）"我们以前对自闭症什么的一无所知，刚开始其实压力还是很大的，担心孩子学不好，也担心影响班里其他孩子的学习和整体成绩。" （3）"我也经常给自己解压，尽量按没有特殊孩子一样的心态做我的常规工作。"	

73

续表

首次登录码号	两类教师成功事件中体现该条目的频率比	所有教师成功事件中体现该条目的次数及主观需求表达的次数之和	示 例	最终登录结果
认为随班就读有助于特殊儿童和普通儿童进行沟通交流	9∶5	4	(1)"虽然这些特殊孩子学不到什么东西，但是有些还是能和其他普通孩子一起玩。" (2)"我觉得随班就读对于特殊孩子社会化的发展方面还是有很大的积极效果，普通班级气氛不是那么压抑，程度好的孩子也能正常交流互动。" (3)"尤其是自闭症，他们的缺陷主要不就是交往方面的吗，我觉得周围有点正常的同伴是会有好处的，我也会经常鼓励班里的学生们多和他们一起玩儿。"	对融合教育价值的认识
能引导普通学生正确对待特殊儿童	13∶3	9	(1)"我印象最深的一次是班里一个普通孩子说一个体育很好的智障学生头脑简单四肢发达，我正好听到，下课就把他叫到办公室说了说，告诉他每个人都有长处和短处。" (2)"有时候不知道怎么向其他学生解释和介绍班里的特殊孩子，现在孩子们都特明白事儿，说多了害怕大家孤立这些孩子，说少了孩子们不知道怎么回事反而会议论甚至会伤害特殊孩子。" (3)"有的普通学生觉得特殊孩子不如他们，会拿他们开玩笑，也有嘲笑、歧视的，不能正确对待特殊学生。"	和谐接纳环境的建设

续表

首次登录码号	两类教师成功事件中体现该条目的频率比	所有教师失败事件体现该条目的次数及主观需求表达的次数之和	示例	最终登录结果
能使特殊儿童不被孤立	9∶5	11	（1）"刚开始的时候担心特殊孩子不能融入整个班级的氛围和活动，害怕其他学生不和他们玩。" （2）"有时候经常看到特殊学生自己活动、自己玩，也挺孤单的，我们老师尽量引导，效果也不大，还会引起他们的一些负面情绪。"	和谐接纳环境的建设
能使特殊学生在课上集中注意力	12∶5	18	（1）"很多特殊学生最大的问题就是注意力，经常看到他们自己不知道在干什么，也不听老师讲课。" （2）"多动症特别积极，总举手，上课就能听十来分钟，有时候回答问题特别积极，总举手，老师不叫他，他就不听指令直接说，但是经常答非所问。"	特殊儿童行为问题处理和矫正

续表

首次登录码号	两类教师成功事件中体现该条目的频率比	所有教师失败事件中体现该条目的次数及主观需求表达的次数之和	示　例	最终登录结果
能使特殊学生不影响其他学生	11∶7	14	（1）"有一次上课的时候班里一个自闭症学生不停地举手说要找他的签字笔，说不知道丢在教室什么地方了，但是那种情况下没有办法让他清教室找，我知道他特别爱玩橡皮泥，就从抽屉里找出一盒给他玩儿，表扬他听话，让他下课再找签字笔，之后就没有再提找东西，起码不再影响班里其他学生上课。" （2）"作为老师最担心特殊学生的一些行为影响到班里的其他学生，比如有的爱前后左右说话、拿别人的东西。" （3）"有的自闭症学生还会和普通学生吵架、骂其他人，这些都是不好的影响。当然普通学生之间也可能互相打闹，但是如果发生在特殊学生身上，老师还是需要特别注意。"	特殊儿童行为问题处理和矫正

续表

首次登录码号	两类教师成功事件中体现该条目的频率比	所有教师失败事件中体现该条目的次数及主观需求表达的次数之和	示例	最终登录结果
能使特殊学生不影响班级纪律	11∶6	18	（1）"大部分特殊学生或多或少都会有一些异常的行为，比如大笑、哭闹，说一些与课堂完全无关的话，和老师对着干，等等，这些都会影响班级的纪律，遇到这样的情况我一般会一定程度上忍不管他，有时候自己就好了，对于有些比较皮的也用点惩罚策略。" （2）"有些普通学生会借着特殊学生出现的问题和情况一起哄，大不好管了。" （3）"上计算机信息课，我们班一个自闭症孩子一上课就打开电脑玩游戏，周围的孩子也都围着看，四五个学生都不听讲，纪律也差，怎么号、喊，都不行。我对这种情况比较头疼。"	特殊儿童行为问题处理和矫正
能较好地处理由于特殊学生引起的突发事件	9∶6	15	（1）"特殊学生身上经常会出现一些毫无预兆的突发情况，比如上体育课的时候突然在操场上乱跑，躺在地上。" （2）"有一次我上公开课的时候，班里的自闭症学生突然举手，大声说要去厕所，还有很多孩子跟着笑，我一下子就慌了，不知道该怎么办。"	

续表

首次登录代码号	两类教师成功事件中体现该条目的频率比	所有教师失败事件中体现该条目的次数及主观需求表达的次数之和	示例	最终登录结果
能有效地和普通儿童家长沟通	7∶3	11	（1）"大部分家长能理解现在这种融合教育的趋势，但也有很多家长比较传统，明确跟我表示不希望自己的孩子反映过自己的特殊孩子成为同学。" （2）"有特殊孩子要来班里的时候校长都会要求我们给所有普通孩子的家长集体发短信说明和解释这种情况，有时候我也不知道怎么说，因为我对这些孩子可能给班级带来的影响也不是很确定。"	与普通儿童家长沟通能力
能有效地与特殊儿童进行沟通	10∶6	14	（1）"我觉得老师首先需要知道怎么和这些特殊孩子沟通，尤其是自闭症的孩子，他们其实很有想法，但是我不知道怎么走进他们的内心，不知道他们想要什么，想学什么，学完没有。" （2）"有的残疾学生会有自己的一套沟通方式和语言，我们的那个智障的孩子，有时候就愿意把老师叫阿姨。" （3）"特殊孩子很少主动和我们老师说话，我觉得能和孩子进行良好的沟通不会，还都说会，其实根本就不会，同他们会问他们不会，也从来不提问，是最重要的。"	与特殊儿童沟通能力

第二章 随班就读实践中普通教师的融合教育素养研究

续表

首次登录码号	两类教师成功事件中体现该条目的频率比	所有教师失败事件体现该条目的次数及主观需求表达的次数之和	示例	最终登录结果
知道特殊学生的真实想法	7∶4	16	（1）"班里的特殊学生有时候会用一些看似无关的行为来表达特定的需要，这也是我后来慢慢发现的，比如有的孩子不停地问老师：'我写得对吗？'其实不是真的在乎自己的对错，而是希望老师表扬他。" （2）"很多孩子有很多想法，但是不愿意和老师说，我觉得老师首先要知道他们的真实想法，才能有针对性地帮助他们，这是很多老师欠缺的，首先用普通学生的那一套对待特殊孩子，所以效果不好。"	与特殊儿童沟通能力
知道特殊学生的学习特点和需要	8∶4	14	（1）"自闭症孩子喜欢某一个东西就会非常喜欢，不给他就会很烦躁，影响纪律，所以一般上课他喜欢自己玩他的橡皮泥我就不太管他，这样他不打扰别人，而且该听的内容都能听到，反而什么都不耽误了。" （2）"我想知道这些特殊孩子在学习上究竟和普通孩子有什么不同，除了速度慢点，难度降低点之外有没有其他特别有效的教育方法，比如某类孩子有没有什么优势可以发挥，需要注意什么。" （3）"作为课上很需要知道什么知识对于他们来说是有用的，其实现在老师首先要知识他们学起来太吃力，不知道他自己在这个阶段应该学到什么程度。"	了解特殊儿童身心发展特点和规律

续表

首次登录码号	两类教师成功事件中体现该条目的频率比	所有教师失败事件中体现该条目的次数及主观需求表达的次数之和	示例	最终登录结果
遇到问题能够恰当求助	11∶4	16	（1）"我挺想多学一些特殊教育方面的知识，但是有时候真的不知道该问谁。" （2）"我们经常去参加区里或者市里关于随班就读的讲座，平时也有专家或者特殊学校的指导老师来学校听课调研，我会问问他们这些孩子该怎么教。" （3）"我有一次上课的时候请我们学校那个资源老师来班里听我的课，一方面想让他给班里一个智障的孩子一些额外的帮助，比如听写生字的时候能在旁边给他点儿提示，一般都顾不上这些，多个'助手'会好能够写得上来的字。另外我想让他看我在上课的过程中有哪些不合适的地方给我很多。指指，或者我们班的俩特殊孩子还有没有更好的办法……"	专业支持的获取能力

续表

首次登录码号	两类教师成功事件中体现该条目的频率比	所有教师失败事件中体现该条目的次数及主观需求表达的次数之和	示例	最终登录结果
能使特殊儿童较好地参与教学活动	10∶2	8	（1）"上课之前我一般会在教学目标、内容方面对特殊学生有所考虑，比如有一次上课讲带括号的一元一次方程怎么解，我要求大家掌握至少两种解法，你知道的……但是对于智障的学生，我先帮他把括号去掉，就是乘出来，让他接着解出，而且只要掌握一种方法就行，其他学生用第二种方法的时候我就再给他出一道题，再让他用第一种方法解，这么做能起码他能参与进来，而且还能多巩固一遍自己会的那种方法。" （2）"老师最头疼，也是最害怕的就是这些特殊孩子来了之后也没法参与普通学生的教学和活动，比如体育课，特殊孩子根本没法有组织地参与，在操场上到处乱跑，还有计算机、科学实验课这些活动性比较强的课，他们都特别容易被和课程无关无关的因素影响。" （3）"不知道怎么让他们真正参与到课堂讨论中来，其他学生讨论的内容，回答特别对于特殊学生来说比较困难，只能看着或者做自己的事情。"	课程调整能力

续表

首次登录码号	两类教师成功事件中体现该条目的频率比	所有教师失败事件中体现该条目的次数及主观需求表达的次数之和	示例	最终登录结果
能创造条件尽量使特殊儿童跟上班级进度	4:0	9	(1)"班里的特殊儿童根本没法和普通学生学习一样的内容,最多能掌握30%左右的东西,大部分时候我们行也没办法。" (2)"我们班一个自闭症的孩子特聪明,如果不对他进行过分要求,比如说他有时候爱摇头晃脑,突然站起来,同他啥他还能答出来,所以你别看他摇头晃脑的,他其实也知道老师讲什么,同学些兴趣和习惯只要不是太严重,就不用去管他,只要不影响其他同学就行,他爱摇头晃脑我就把他放在班里靠角落的地方,其实有时候专门让他爱摇头晃脑就管不住,反而让他很烦躁,没法学习。"	课程调整能力
为特殊学生提供客观、灵活的进步评估程序	7:0	6	(1)"每次考试我会给智障学生单独出一些题目,或者用普通学生的试卷,只勾出来其中一部分题目让他做,给他单独打分,这样他的成绩也不会太差,也能看到自己的进步,和在特殊学校的智障孩子的学习情况比较,对他们来说很重要的是和自己比较,家长也高兴,对他们来说很重要。" (2)"我的科目大家都是一起考试,特殊学生成绩一般都比较差,经常三四十分,有一些孩子自己也知道不如别人,老师和家长有时候也着急,考试对于他们来说就是形式,最后分数也不计入班级总分。"	测验调整能力

82

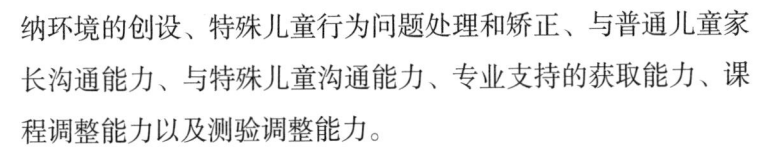

纳环境的创设、特殊儿童行为问题处理和矫正、与普通儿童家长沟通能力、与特殊儿童沟通能力、专业支持的获取能力、课程调整能力以及测验调整能力。

3.访谈资料的整体分析

整体来看，本研究的访谈结果可以从三个方面进行归纳分析：第一，对教师所详细陈述的成功事件中体现的良好胜任品质进行提炼，并且将在表现优异教师身上体现出的品质与表现一般教师所体现出的品质进行对比，出现次数差异较大的即为随班就读教师最需要、在随班就读工作情境中最有效的胜任品质；第二，对所有被访谈者所述失败事件的原因进行深入分析，提取其中与缺乏融合教育素养有关的内容及缺乏的具体素养条目，总体出现次数较多的则为当前随班就读教师素养的关键内容；第三，分析和归纳被访者对于工作中主要挑战和所需知识、技能等素养的主观表述，访谈过程中提到次数较多的则为当前实践情境下随班就读教师需求程度较高的素养内容。

（1）成功事件中体现的主要胜任品质。

从对访谈资料的登录和编码结果的"频率比"可以看出，优秀随班就读教师与表现一般的随班就读教师素养的差异主要表现在三个方面。第一，对于残疾学生本身和随班就读的理念和态度。在随班就读工作中表现良好的教师大多认可特殊儿童在普通班级就读的意义和价值，认为与隔离式的特殊教育学校相比，普通学校和普通班级是特殊儿童更为理想的受教育环境，并且承认特殊儿童同样具备较强的学习能力和可塑性，有与普通儿童平等接受教育的权利，在有效的支持和条件下，普通学校对于特殊学生来说是更为理想的环境；而在表现一般的随班就读教师中，仅有一名教师在访谈过程中提到或表现出对特殊学生学习能力的认可，大多数教师将特殊儿童学业能力的差距主要归咎于儿童的障碍本身而非教师、环境的影响，这与当今主流的残疾的社会观明显冲突。第二，对随班就读工作的积极心态。表现优异的教师能够以相对积极的态度对待随班就读工作，将其作为常规工作的一部分而非额外的工作负担，注重自身在从事随班就读工作中能够获得的专业成长，以积极的心态应对随班就读带来的挑战。态度影响行为，这也进一步验证并凸显出积极、正确的态度在教师随班就读教学表现中的基础性作用。第三，对特殊儿童的教育和指导能力。教师在从事随班就读工作过程中另一方面的差异表现在对特殊儿童的教育能力方面，即提高特殊儿童学业表现和实际获得的能力。诚然，特殊学生进入普通班级后教师面临的首要问题可能是环境的营造、问题行为的控制和干预以及社会交往能力和适应性的发展等，因此表现一般的教师更多地强调在管理特殊学生行为问题、维持班级教学秩序等方面的困难，但表现优异的教师在此基础上进一步关注特殊学生的教育需要，不仅满足于"让特殊学生不影响其他学生"，更能够通过课程调整等方式让特殊学生参与班级的教学活动，在其现有基础上有所进步，并用调整后的测验工具恰当地评估这种进步，而不因为特殊学生的成绩不计入班级总分而忽视其学业发展和进步的需要。众多教师对于特殊学生的关注仅停留在问题行为的控制和班级纪律的维持上而忽视其教育需要，是导致大多数特殊儿童"随班就坐""随班就混"的重要原因,也是表现一般的随班就读教师在访谈过程中透露出的共同观点。

(2)教师失败事件中体现出的素养需求以及对知识技能需求的主观表述。

本部分访谈中除了对经验丰富和表现一般的随班就读教师在成功事件中的胜任素养及其差异进行对比分析,还从所有被试对于失败事件的描述中提取教师所欠缺的专业素养,同时结合教师对知识、技能需求的主观表述,进行印证和补充。教师对失败事件的描述中间接体现的所欠缺的素养和对知识技能需求的直接表述主要仍体现在对特殊儿童注意力的监控和训练、班级集体教学秩序的维持、与特殊儿童的沟通和交流等方面,而教师所提供的失败事件较少涉及在教育或评估特殊儿童方面遇到的挑战,并且在对当前素养需求的主观表述中也对特殊儿童的行为处理和课堂秩序管理的需求更为迫切。

整体来看,当前现实情境下我国一线教师在随班就读工作中对特殊儿童的关注大部分集中并停留在对特殊儿童的个性、学习特点的基本了解、应对特殊儿童进入班级后所表现出的行为问题及班级秩序管理等问题上,因此对相关知识和技能需求更为迫切,在此基础上才有部分教师进一步思考和探究特殊儿童在普通班级中平等受教育权和获得学业进步权利的实现策略,真正实现特殊学生和普通学生的共同发展和进步。

(四)问卷研究结果

本研究中问卷部分的研究结果主要由三部分组成:第一,

随班就读教师依据在实际工作中的重要性对文献研究中归纳提取的知识素养条目进行排序；第二，随班就读教师依据在实际工作中的重要性对文献研究中归纳提取的技能素养条目进行排序；第三，在所有知识和技能条目中选出目前工作中最迫切需要的项目（5项以内）。

1. 教师对随班就读实际工作中所需知识的重要性排序

将所有被试教师对同一条目的排序序号相加，总和越小的表示重要性越高。所有5个知识条目的排序和统计结果如表2-10所示。

表2-10　随班就读教师对相关知识重要性的认识（n=97）

知识条目	序号分数总和	重要性排序
各类特殊儿童学习和行为特点	226	1
各类特殊儿童的定义、分类及鉴别	234	2
我国随班就读及特殊教育的相关法律、政策	240	3
国外融合教育的有效教学策略	344	4
国际融合教育的发展趋势	396	5

结果表明，在知识层面，一线随班就读新教师认为最重要的是"各类特殊儿童的学习和行为特点"，其次是"各类特殊儿童的定义、分类及鉴别"以及"我国随班就读及特殊教育的相关法律、政策"，前三者重要性差距较小，最后是国际融合教育发展的相关知识。由此可见，一线随班就读教师认为在实践过程中，直接与特殊儿童有关的知识，例如行为特点、分类

及鉴别等知识最为重要,说明实用性是目前随班就读新教师对相关知识的关注重点。

2.教师对随班就读实际工作中所需技能的重要性排序

将所有被试教师对同一条目的排序序号相加,总和越小的表示重要性越高。所有11个技能条目的排序和统计结果如表2-11所示。

表2-11 随班就读教师对相关技能重要性的认识(n=97)

技能条目	序号分数总和	重要性排序
与特殊儿童进行沟通、交流的能力	324	1
差异教学能力	461	2
课程调整能力	475	3
对特殊儿童进行多元评估的能力	513	4
与家长、同事以及专业人员的合作能力	573	5
特殊儿童问题行为的矫正能力	610	6
和谐环境的创设能力(包括物理环境和心理环境)	625	7
对特殊儿童进行鉴别和诊断的能力	652	8
实施合作教学的能力	657	9
班级管理能力	698	10
主动获取他人(特殊教育专家、巡回指导教师等)帮助和支持的能力	736	11

可以看出,随班就读一线教师认为在教学实践中最重要的是与特殊儿童沟通、交流的能力,并且重要性远远高于其他技能,经过推算,所有教师对其重要性的排名平均值大约为3,

即均将其重要性排在第三位左右；其次是差异教学、课程调整能力等，而重要性相对较弱的是合作教学能力、班级管理能力以及主动获取他人帮助和支持的能力。特殊儿童问题行为矫正能力、环境创设能力、特殊儿童的鉴别和诊断能力则处于中等重要性水平。

3.随班就读教师知识技能需求

随班就读教师在知识和技能方面的需求能够直接地反映出其职前培养中的相对缺陷和不足，从而与上述两部分研究结果进行综合分析，为职前培养的融合教育课程构建提供依据。教师对16项知识和技能条目需求的多选结果如表2-12所示。

表2-12 随班就读教师知识技能需求情况

知识或技能条目	选择教师数	需求程度排名
与特殊儿童进行沟通、交流的能力	48	1
特殊儿童问题行为的矫正能力	44	2
差异教学能力	41	3
和谐环境的创设能力（包括物理环境和心理环境）	29	4
对特殊儿童进行鉴别和诊断的能力	28	5
主动获取他人（特殊教育专家、巡回指导教师等）帮助和支持的能力	28	6
对特殊儿童进行多元评估的能力	26	7
各类特殊儿童学习和行为特点	25	8
实施合作教学的能力	19	9
班级管理能力	16	10
与家长、同事以及专业人员的合作能力	14	11

续表

知识或技能条目	选择教师数	需求程度排名
国外融合教育的有效教学策略	10	12
课程调整能力	9	13
各类特殊儿童的定义、分类及特点	8	14
我国随班就读及特殊教育的相关法律、政策	8	15
国际融合教育的发展趋势	4	16

从上述结果可以看出：首先，从整体上看，教师对于技能层面的需求远远高于知识层面，5个知识条目中仅有"各类特殊儿童学习和行为特点"一项进入教师需求项目的前十名，且仅有25名教师选择了该类知识，其余的知识类条目均排在需求程度的最后几位，也反映出教师对于操作性和实用性较强的技能培训需求程度相对较高；其次，与教师对于技能重要性的认识一致，教师认为在实践中最重要的"与特殊儿童进行沟通、交流的能力"也是他们目前最迫切需要的技能，有半数左右的教师选择了该项，此外，对"特殊儿童问题行为的矫正能力""差异教学能力""和谐环境的创设能力"的需求程度也较高，而对很多专家或已有文献中要求的"课程调整能力""实施合作教学的能力"则排在相对靠后的位置，说明教师面对班中的残疾学生时首先需要与其沟通、交流，同时矫正其身上可能存在的问题行为，进而才能谈及为特殊儿童提供合适的教育。

为了尽可能获取全面、客观的问卷研究结果，将教师对知识排序结果的前三项（50%）、技能排序的前六项（50%）以及排名前八位（50%）的需求条目进行综合，剔除重复的项目，最终得到以下 11 项知识和技能的条目：各类特殊儿童学习和行为特点；各类特殊儿童的定义、分类及特点；我国随班就读及特殊教育的相关法律、政策；与特殊儿童进行沟通、交流的能力；差异教学能力；对特殊儿童进行鉴别和诊断的能力；对特殊儿童进行多元评估的能力；与家长、同事以及专业人员的合作能力；特殊儿童问题行为的矫正能力；和谐环境的创设能力（包括物理环境和心理环境）；主动获取他人（特殊教育专家、巡回指导教师等）帮助和支持的能力，以此作为融合教育教师专业素养综合分析的依据之一。

（五）观察研究结果

基于活动分析法的原理和要求，对随班就读真实情境中的教学和管理活动进行观察，以事件取样为基础，全面记录能够反映真实问题的典型事件，更加客观地分析和解构普通教师在具体工作中的素养需求，与教师对需求的主观表达和意识相结合，进一步全面地确定随班就读教师的专业素养内容。

1. 关爱特殊儿童，满足特殊儿童基本的安全需要

由于长久以来人们对残疾人的刻板印象、特殊儿童在普通班级可能出现的问题行为、不理想的教学效果，不少教师在面对特殊学生的时候连基本的接纳、关爱的态度都未形成，甚至采取歧视、忽略的态度，严重威胁特殊儿童身心健康的行为至今仍然存在，平等参与和受教育权等的实现更是无法企及。

案例 1：在六年级一班随班就读的孤独症学生和智力障碍

学生无法正常参与体育课的教学和活动，体育教师在组织其他同学进行统一的控球、传球活动时，则对两名特殊学生完全置之不理，任其在操场上随处乱跑。孤独症学生对尖锐声音的刺激非常敏感，迅速跑到了操场边围墙的施工处，随时可能被焊接掉落的火花和墙头掉落的碎石伤害；而另一名智障儿童也离开了班级的活动区域，躺在升国旗的讲台上并来回打滚儿。体育教师发觉了两名特殊儿童的离队现象后仍照常进行教学活动，未采取任何恰当的措施阻止特殊儿童的危险行为，甚至对于班中其他普通学生的提醒也置之不理，直至从操场路过的其他班级教师将两名特殊儿童带回队内安全区域。

案例2：六年一班的语文课上，学生们在一次测验中仅有4名同学写对了"负荆请罪"一词，老师进行了反复的讲解、纠正和练习，最后让班中的轻度智力障碍学生上黑板书写该词，并解释意思，该生回答正确后老师脱口而出："连××都会写了，那么大家都会了吧？"该智障学生听后默默走下了讲台，带着些许尴尬。

案例3：根据学校的要求，所有学生如无特殊情况应当每天在班级中统一吃午饭。在四年级随班就读的肢体障碍学生由于小儿麻痹后遗症导致脊柱侧弯，同时左臂肌肉萎缩，活动的幅度和灵活性均受到严重限制，在中午用餐时往往存在一定障碍。面对如此情况，班主任老师每天牺牲自己的吃饭时间，先帮助肢体障碍学生顺利用餐，并自学肢体康复训练的知识和技巧，在过程中指导其进行力量和灵活性训练，不断提高该学生独立进食的能力。班主任说道："他比以前有了很大的进步，左手已经能稍微控制餐具了。""他既然来了班里，就应该多参与班里的活动，和其他正常的学生们一起吃午饭，作为老师多帮助一下就没问题，我相信他以后慢慢能够进步甚至独立。不帮他的话吃饭弄得乱七八糟，饭凉了也吃不完，孩子也着急，觉得自己不如别人。"

积极、接纳、关爱的态度能够为特殊儿童营造安全、健康的教育和生活环境，是其融入普通教育环境和更广阔社会环境的最基本条件，而我国现实情境中仍然存在的教师对特殊儿童歧视、忽略的态度和现象则更加凸显出在职前阶段对教师进行熏陶和引导的迫切性和重要性。尊重特殊儿童在日常教学活动中的平等参与权和受教育权、接纳特殊儿童身上存在的障碍和身体状况、保障特殊儿童在学校的身心健康并满足基本的安全需要，是普通教师在面临班级中的特殊儿童时的最基本要求，是实现为特殊儿童提供有效教育的态度基础。因此，在职前培养阶段，针对大多数与特殊儿童接触较少的普通教师开设的融合教育课程应当重点将职前教师融合教育态度的培养作为主要目标和内容，增进其对特殊儿童的感情，转变对特殊儿童低能、散漫的刻板印象，认可特殊儿童学习和发展的空间和潜力，为其营造安全、积极的受教育环境。

2. 良好的环境营造能力

（1）心理环境的创设。

良好环境的创设包括心理环境的营造和物理环境的创设两部分。在心理环境上，班级中普通儿童的认识和态度直接影响特殊儿童社会性和身心的健康发展，进而影响整个班级的风气和氛围。因此，在自身具备了接纳特殊儿童的良好心态后，引导班级中的普通儿童正确认识特殊儿童的缺陷、接纳特殊儿童并与其建立良好的同伴互助关系，为特殊儿童提供和谐、友好的学习和生活氛围，是每一个普通教师在面对班级中的特殊儿童时首先应当履行的责任。笔者在对不同随班就读班级的观察和与班中普通儿童的交流中发现，不同教师所带班级的普通学生对于特殊儿童的认识和态度有着显著的差异，这些差异会在学生不经意间的言语和行为中体现。

笔者在课间指着某随班就读轻度智力障碍学生的试卷（教师只勾出了几道简单的题让他做）问旁边一个同学："为什么他的试卷跟你们大家的不一样？"该同学答道："我们全班只有他一个同学这样，这是老师给他的特权，不过我们都不想要！至于原因，还真不太方便跟你说，哈哈！"另一个同学马上向笔者做鬼脸，用手指着自己的脑袋，说道："老师，您不知道，他这里有点问题呢，啥都不会，嗯？明白了吧？"课间，一个普通儿童看到该智障学生在一道最终要求得出一个五位数的题目中得到的答案是"91"，瞬间哈哈大笑，说："呵，你太笨了，91能是五位数嘛？！哎呀妈呀，真是没救了！"此外，该班班主任在教学和自习时间安排了较多以学生合作的形式进行的活动，例如学生互换批改作业、互相讲解题目等，该智障学生都不能正常参与，只能自己思考或做与课程无关的事情，大多数时间均闷闷不乐，独自活动。

而在另外一个班级，有两个自闭症儿童参与融合，其中A非常喜欢"求助"，在做完题目之后总是问周围的同学："喂，你看我做得对吗？我厉害吗？"教师发现了该学生这一特征，因此特意在他周围安排了较为耐心、细致并且学习成绩较好的同学，并每周指派一名同学为该自闭症儿童的"小老师"，给予他更多学习和生活上的帮助。当被问及该自闭症儿童在班里的表现和与其他同学不一样的地方，班中的普通孩子们竟相回答："他和我们没什么不一样，就是比我们淘气一点儿！班里还有好多比他还淘气的同学呢！""虽然他是从特教那边过来的，是特殊生，但是他特聪明，学习成绩很好！上学期英语成绩和我们英语课代表并列班里第一名！""他唱歌特别好听！音乐老师很喜欢他，我们也很喜欢上音乐课，因为可以听他唱歌了！"此外，该自闭症学生在教室中表现出刻板的问题行为（甩胳膊）时，坐在他后面的学生会及时提醒并安抚他。整体来看，该自闭症学生在班级中能够在友好、和谐的氛围中参与大部分学习和课间活动，与多个普通学生建立了良好的同伴关系，并且将学习成绩保持在班级中等甚至更高的水平。

上述两个班级整体风气的巨大差异无疑源于教师的示范和引导，对特殊儿童在普通班级的学习和生活质量产生了显著的影响。与学业性目标相比，融合教育对于特殊儿童的最本质意义和出发点更加在于促进其对正常学校生活的全面参与、社会性的发展和良好人际关系的建立。此外，随着新课程改革方案精神的深入，越来越多的教师在教学过程中更加倾向于采用小组教学、互助学习等方式，设置了大量需要普通学生与特殊学生互动、合作的环节，因此，普通教师应当首先将班级氛围的营造和对普通儿童的引导作为首要工作，不断提高心理环境创设的技巧，以潜移默化的方式为融合班级营造包容、接纳、平等、互助的心理环境，为特殊儿童平等地参与课堂奠定基础。

（2）物理环境的创设。

物理环境的创设主要指教室环境的布置、座位的安排等设计，是教师进行课堂和教室管理的最基础工作。按照特殊儿童的学习、发展特点将其座位安置于教室内合适的位置，并在其周围安排能够恰当与其互动的同伴，同时采取一定的技巧根据班中特殊儿童的特点对教室硬件环境进行布置和组织，将为特殊儿童学业水平的提高、社会性发展以及班级整体氛围的营造提供便利和条件。

教师为了能更好地指导和监督班中随班就读的精神障碍儿童和智力障碍儿童学习，将其安排在讲台下方两个相邻的第一排位置，但教师在组织和实施课程的过程中安排了较多的"四人小组讨论"环节，按照教师组织小组活动的安排，两名特殊儿童与另外两名普通儿童组成了一组，因此该小组的"特殊率"达到一半。由于两名特殊儿童通常难以正常地参与讨论，导致该小组并不能很好地完成讨论任务，普通儿童和特殊儿童的发展都受到了限制。

笔者所在的另外一个班级将注意缺陷多动障碍的儿童安排

在教室较为中间的位置，前后左右均有普通学生就坐，通常在课程进行20分钟左右该学生便会开始表现出明显的注意力不集中行为，并且会骚扰和影响周围的普通学生，如抢别人东西、拍打别人、来回转动身体等，严重影响周围同学和班级整体的教学秩序。

上述两种对于特殊学生的教室座位安排显然是不合理、不科学的，这源于教师对于融合教育物理环境的安排和班级经营方面知识和技能的缺乏，不但未能充分发挥出融合教育对于特殊儿童的作用，还对班中的普通学生和常规教学秩序产生了消极影响，违背了融合教育的初衷。因此，对于初次接触随班就读工作的新教师，如何在教室中为特殊儿童找到一个合适的位置，是需要首先解决的难题之一。

此外，良好物理环境的营造还包括教室设施的摆放和布置等。

笔者所在的有视力障碍儿童随班就读的班级利用"国际盲人节"当天的"品德与生活"课上制作了一期以"我为你指路"为主题的班级画报，并且较长时间地张贴在班级教室后方的墙面上，具体包括普通儿童为视力障碍学生读书、搀扶其过马路、帮助其熟悉教室和楼道环境等内容的文字、照片和卡通简笔画，并配以温馨色调的背景图纸。

科学、合理的物理环境布置和安排与和谐、互助的心理环境的营造共同构成融合教育环境创设的必要内容。作为一名普通教师，对教室物理环境的掌控和心理环境的引导是其全面、有效地经营融合班级的必备素养，也是实现普通学生和特殊学生共赢的重要基础。

3.问题行为处理能力

特殊儿童的问题行为往往不仅对其自身的身心发展产生消极影响，而且严重威胁到教师的常规教学秩序和班中大部分普通儿童的学习和生活，并且，从根源上讲，特殊儿童身上存在和表现出的问题行为，也是部分普通教师不接纳特殊儿童进入普通班级学习的主要原因之一。因此，恰当、科学地应对特殊儿童问题行为的策略和能力，是随班就读实践中教师应具备的重要技能素养之一。

一名在五年级一班随班就读的智力障碍儿童同时患有妄想症，时常毫无预兆地出现严重的影响班级教学和管理秩序的问题行为。有一次数学课进行到一半的时候突然哇哇大哭起来，告诉老师他看到家里发大水被淹没了，教师和班里的同学均受到惊吓无所适从，议论和嘈杂声此起彼伏。教师则不得不将全班的教学活动暂停，对该智障儿童进行长达十分钟的安慰，导致其未能完成预计的教学任务，教学进度受到了影响。

在四年级随班就读的孤独症儿童经常在上午第四节课快结束，即快要吃午饭时突然开始大声唱歌，较为年轻的数学老师即采用训斥、中止教学的方式对孤独症学生喊道："×××，闭嘴！别哼哼了！""×××，你唱歌影响到我讲课和别的同学学习了,你知道吗?"而此时孤独症学生并没有停止唱歌,反而老师越说唱得声音越大,班里的普通学生也有的一起起哄,班级教学秩序受到严重影响。而同样的班级、同样的情况发生在经验较为丰富的语文老师的课堂上结果却完全不同。在孤独症学生唱歌时,教师首先用简短的语言对其进行提醒,"×××不许出声儿了!"如果他继续唱歌,则在一定程度上忽略其唱歌行为,通过引导班中其他学生的注意力来保证教学效果,例如说"其他同学看老师和黑板""我看谁最专心听讲,就可以获得一个奖章贴纸""大家不要被×××影响好吗",最后,教师还会巧妙地运用其他方法控制该孤独症学生的唱歌行为,例如对其说:"×××,不要唱了好吗?一会儿大家吃饭的时候你给大家来一首你最拿手的作为午休期间的娱乐项目,老师也一起听,一起给你鼓掌,好不好?大家说想上课听还是午休的时候听?"其他同学则异口同声回答道:"午休听!"这时孤独症学生很得意地说了声:"谢谢大家!"然后安静了下来。

特殊儿童可能会由于心理、情绪等方面的发展障碍而产生各种各样的问题行为,是特殊儿童随班就读给普通儿童和班级、课堂教学秩序带来的最大挑战,也成为普通教师在胜任随班就读教学工作时首先会面临的问题和挑战。如何科学、有效地控制特殊儿童可能出现的问题行为,在了解各类特殊儿童行为特点的基础上掌握基本的行为矫正原理和技术,是普通教师在职前培养阶段必须储备的知识和技能,从而充分维护普通学生的基本利益，并促进特殊儿童的身心健康发展。

4.注意力监控和培养策略

有特殊儿童加入的班级比传统的教室更容易面临学生注意力分散的问题。除注意缺陷多动障碍儿童之外，孤独症儿童、智力障碍儿童身上本身可能存在的注意力问题以及由于特殊学生的异常、突发行为对班中其他学生注意力的干扰都对教师注意力监控和培养的技术提出了严峻的挑战。在笔者的观察经历中，经验丰富的教师与新教师在维持班级纪律、培养特殊儿童注意力方面的表现存在着明显的差异。

在四年级随班就读的孤独症学生出生在美国，从小在美国长大，上小学时才跟随父母回国，有一定的问题行为，但基本能参与正常的教学活动。英语课上老师让学生依次回答："where are you from？"（你来自哪里？）前面同学均答道："I am from China!"（我来自中国!）而轮到孤独症学生时，他直接用中文说："我是美国人！"并且手舞足蹈起来，还唱起了美国国歌，这时候班级所有同学马上开始大笑不止，还有学生喊道："我也想去美国！"学生们马上乱成一团，导致正常的教学活动无法继续进行。教师只是通过走到学生身边将其拉回座位、大声训斥、用教鞭敲击讲桌等方式企图维持班级纪律，但几乎没有产生任何积极的效果。

上述班级中还有一名注意缺陷多动障碍的学生，伴有轻度的面部抽动症，上课时经常与前后左右的学生聊天、拿同桌文具等，并且经常在教师多次喊其名字后才能有所反应。班主任老师将其安排在教室相对空旷的角落位置，并且将周围的布置清理得尽量简洁，减少诱惑和分散其注意力的无关因素。班主任老师让该多动症学生每天中午午休时间去办公室在她面前做一份"图形匹配"测验（一种训练学生注意力的小游戏），由于该学生的语文成绩相对较好，在其他同学反复听写字词并修改试卷时，教师则给他发放一份与课程学习内容相关的钢笔字帖，让其安静地在座位上进行描写练习，不断增强其注意力集中时间和水平。在一节"品德与生活"课上，教师向学生介绍日常生活中的常用公务电话和服务内容，在讲到"114电话号码查询台"时，窗外的马路上突然传来了120急救车的警笛声，该注意缺陷多动障碍的学生迅速跑到窗台上向下望去，班中几名学生也受其影响，纷纷趴到窗前，导致教师的正常教学秩序被打断，但她并未发怒，反而大声问挤在窗台的同学们："你们能看清楚急救车吗？老师给你们看一个清楚的！我看谁先回到自己座位我就给谁看！"说完大部分同学都回到了自己的座位，教师则马上将PPT翻到"120急救电话"页进行讲授，还对学生们好奇的精神和求知欲进行了肯定。最后教师结束该内容的讲授后又回到未完成的"114电话号码查询台"内容中。

学生注意力的监控和训练是每位教师所应当具备的技能之一，而在有特殊儿童存在的融合教育班级中，学生注意力被分散的诱因更多、可能性更大、影响更广，所以对普通教师应对突发情况、维持学生注意力和教学秩序的能力提出了更高的要

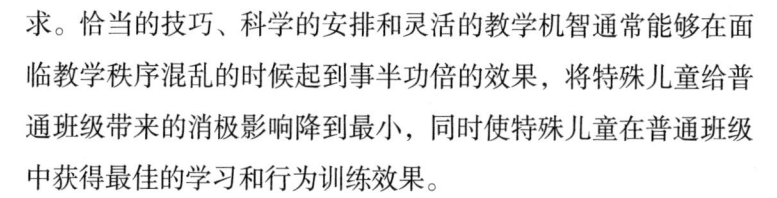

求。恰当的技巧、科学的安排和灵活的教学机智通常能够在面临教学秩序混乱的时候起到事半功倍的效果,将特殊儿童给普通班级带来的消极影响降到最小,同时使特殊儿童在普通班级中获得最佳的学习和行为训练效果。

5. 差异教学和课程调整

虽然保证特殊儿童不影响班级中的普通学生和教师的常规教学是所有普通教师应当首先关注的问题,但对特殊儿童进行恰当的教育,使其在文化知识和技能的学习上尽可能受益,也应当成为普通教师的责任和义务。贯彻差异教学的理念,进行课程调整,设置弹性课程,满足多元知识和能力背景学生的学习需要,是融合教育在教学上对教师提出的重大挑战。

体育课上教师教学生跨越障碍练习,并组织班级同学分成小组进行跨越障碍的接力比赛。教师为班里的自闭症学生和智力障碍学生设置了略低于其他同学的障碍,并安排了班中跑步速度最快的同学与他们合作,同时,自己还亲自上阵为他们小组"打头炮"。在前三名队员完成接力赛以后,他们组已经遥遥领先于其他组了,最后虽然后两名特殊儿童跨越障碍和跑步的速度均较慢,但他们小组最终仍然取得了第一名,他们一起高兴地欢呼庆祝起来。

语文课上老师要求同学们按座位次序依次朗读词语,由于班中的智力障碍学生只能够认识少部分简单的词汇,教师则提前依据该学生的座位序号将其可能读到的词汇位置上放置符合或略高于他认识水平的简单词汇(如该学生坐在第六排,教师则将每行的第六个词汇放置较为简单的词汇），使其也能够与全班同学一起参与班级的轮流读词活动，同时在自身水平的基础上有所进步。智障学生在活动过程中能够保持较好的情绪和参与积极性，获得自信心和集体认同感。

而在现实情境中，大多数教师并未针对班中特殊学生的情况对课程内容或实施程序进行调整，这成为很多特殊学生"随班就坐"、在知识技能水平上很难获得收获的根源。

在五年级随班就读的高功能自闭症学生具备相对较强的学习能力，在个别科目中还有着不错的表现，但数学成绩一直较落后，在班里其他同学学习解一元一次方程时仍停留在两位数的乘法上。该班数学教师则无动于衷，并未对该自闭症学生采取任何个别化的、调整后的教学内容和策略，每节课依旧按照全班其他普通学生的进度照常进行，完全未考虑自闭症学生的学习水平和需要，导致其只能在自己座位上玩与课程无关的东西。由于与其他同学使用相同的试卷和题目，该自闭症学生每次数学考试和作业分数也都很低，完全跟不上班级的进度，自身也几乎没有进步。

"平等、充分的参与"是融合教育的核心精神和价值追求，这种参与除了包括对学校常规生活的参与，更包括对教学活动参与和在自身水平的基础上获得进步的权利。特殊儿童身上所固有的限制不应当成为被忽视和抛弃的借口，作为一名成功驾驭大差异课堂的教师,应当将每一个学生的教育需要考虑在课程计划的因素之内,依据班中特殊学生的教育需要对课程目标、内容、实施方式、评价方式等进行调整,了解课程调整和差异教学的原则和策略,通过设计和实施弹性化的课程使处在不同身心发展阶段和知识水平的学生均能够获得相应的进步,从而避免"融合教育"流于形式,特殊儿童"随班就混"。

三、研究结果的对比分析

基于融合教育发展的特点以及我国随班就读情境的复杂性,不同来源和渠道的资料能够从不同角度为本研究中确定融合教育教师专业素养,进而科学选择和安排职前培养课程内容提供依据,其相互印证和补充也是获得科学、有效结果的重要基础。表2-13为本研究中不同来源、途径研究结果的对比和汇总。

表2-13 不同来源、途径研究结果的对比和汇总 ❶

	素养条目	文献	中国教师专业标准	美国教师专业标准		一线教师访谈	一线教师问卷	观察
				NBPTS	InTASC			
知识	特殊儿童定义、分类、特点及特殊需要	√	√		√	√	√	

---

❶ 标有"√"则表明在相应来源的研究结果中包含该素养条目的要求。

续表

	素养条目	文献	中国教师专业标准	美国教师专业标准 NBPTS	美国教师专业标准 InTASC	一线教师访谈	一线教师问卷	观察
知识	特殊儿童学习和行为特点	√					√	
	心理发展、个体差异等相关理论				√			
	特殊教育相关法律、政策	√		√			√	
	知道何时、如何获得哪些人员的帮助				√	√	√	
	与学生权益和教师责任相关的法律				√			
技能（实践）	对特殊儿童进行鉴别诊断的能力	√					√	
	差异教学能力	√			√		√	√
	多元评估能力	√	√		√	√		
	对资源及服务进行评估的能力				√			
	沟通、交流能力	√	√			√	√	
	特殊儿童行为问题的处理和矫正能力					√	√	√

续表

	素养条目	文献	中国教师专业标准	美国教师专业标准		一线教师访谈	一线教师问卷	观察
				NBPTS	InTASC			
技能（实践）	注意力的监控和培养能力					√		√
	课程调整能力	√			√	√		√
	与家长、同事及专业人员合作能力		√	√	√		√	
	实施合作教学能力	√		√	√			
	个别化教学能力				√			
	环境创设能力	√	√			√	√	√
态度（情感）	承认融合教育的价值和意义	√				√		
	接纳学生身上存在的差异性和多样性	√	√		√			
	关爱特殊儿童							√
	认可特殊儿童的学习能力				√	√		
	公平地对待所有学生			√				
	积极对待随班就读工作					√		

（一）不同来源资料的特征分析

1. 对课程调整、多元评估、环境创设等技能要求的一致性

尽管融合教育在世界范围内的发展水平和具体形态并不完全相同，但因其在教育理念、核心思想以及现实影响方面的一致性，不同渠道获得的关于融合教育教师素养的研究结果在很大程度上体现了对某些项目的共同强调。尽管在研究背景、切入角度以及具体的语言表述上存在不同，但教师对课程进行弹性设计和调整、多元化测验和评估以及对和谐融合教育环境的创设能力成为融合教育教师素养中的迫切需要和核心内容，也是普通教师成功胜任随班就读工作的基本要求。这些不同来源的资料中共同强调和重申的、一致性较强的项目是本研究中素养探讨和课程构建的直接依据和重要参照。

2. 国内外文献与教师标准对于融合教育教师素养的要求存在差异

目前来看，融合教育已经成为国际性的教育发展趋势，对我国随班就读教师素养需求的研究和探讨理应置于更大范围的国际背景中，参考和分析西方融合教育发展水平较高国家的研究文献以及官方教师标准，对其关注和强调的内容进行思考和借鉴。但是本研究发现，除"课程调整""多元评估"等核心能力得到中外学者提到的共性要求之外，中、西方文献中对融合教育教师素养的关注点却各有侧重，这源于国内外融合教育发展的背景和所处的阶段有所差异。例如，国外研究者以及教师标准中普遍将"与康复治疗师、语言治疗师、物理治疗师、职

业生涯规划师等专业人员的通力合作"作为普通教师胜任融合教育工作的必备能力，而在中国，由于随班就读的支持体系仍未发展完善，各类专业人员的配备尚存在较大缺口，缺乏这种合作的人员基础，因此还未引起我国学者的高度重视。相反。正因为这一现状，对于我国随班就读教师来说，主动获取专业指导和支持能力的作用更加明显。此外，国内文献中对于随班就读教师必备知识的要求和讨论显著多于国外文献，说明国内学者首先更重视普通教师知识结构的补充和完善，而国外文献和教师标准则对融合教育教师在技能上的要求更高、更细致。这种差异也充分说明，虽然一定量的关于特殊儿童和特殊教育的专业知识是普通教师胜任随班就读或融合教育工作的必备补充和基础，但要想实现融合教育的较高水平发展，最终更要关注教师技能水平的提升。

3. 文献研究及教师标准的相关规定与随班就读一线教师的实际需求和实践观察的结果有所差异

虽然研究文献中对于普通教师融合教育素养的探讨由来已久，国内外官方的教师标准中也对融合教师的素养进行了系统规定，但整体上来看与对我国一线随班就读教师的调研及对随班就读教学实践的观察结果仍存在一定的差异。例如，国内外研究文献和专业教师标准均未对教师"特殊儿童行为问题的处理和矫正"的能力进行要求和规定，但是，从对一线教师的访谈、问卷填答结果以及对随班就读实践的观察结果得出，特殊儿童身上可能出现的行为问题是影响随班就读课堂教学的主要因素，也是大多数普通教师忧虑和担心的主要来源，这体现出教师胜任随班就读工作时对这一能力的迫切需求。进一步分析原因，可能由于我国的融合教育发展仍处在相对较低的水平，加上班额大、升学任务重、教学助手缺乏的现实困难，大部分随班就读教师对特殊学生的关照仍主要停留在对其行为问题的控制、人身安全的保障以及班级正常教学秩序的维持上，很少有教师进一步关注到特殊儿童在普通班级中的学习效果和学业表现，并且认为这是一种遥不可及的"美好愿望"。因此，在我国目前的现实情况下，教师对于行为矫正策略、课堂管理技能等要求更为迫切。而在美国，所有的融合课堂均为每一个就读的特殊儿童配备了相应的教学助手，辅助主讲教师进行课堂教学和管理，使其能够更多地关注每一个儿童的个体学习需要，正因如此，美国的普通教师标准对教师差异教学、课程调整、合作等能力进行了更突出的强调。这种情况引导我们在课程构建时充分关注"现实"和"理想"之间的差异，要以我国现阶段随班就读一线教师的现实诉求为依据，同时参照国外成熟、完善的教师标准体系的要求。

此外，在知识层面，由于我国随班就读支持体系尚未完善，大多数教师在职前培养阶段并未接受过特殊教育或融合教育的专业训练，因此，"知道何时、如何获得哪些人员的帮助"事实上是目前我国随班就读教师在工作中的迫切需求，而在已有的文献以及教师标准中仅有美国 InTASC 的标准中有所提及，在我国的文献和教师标准中并未涉及，这体现出理论研究文献与实践中的现实诉求存在一定差异，因此，应当充分以实践的需要为课程的目标和内容，切忌远离随班就读实践，仅依据某些标准或理论分析甚至是主观臆想来构建普通教师的融合教育课程。

（二）课程构建时素养项目取舍和优先考虑的原则

随班就读教师专业素养的项目并不能够全部、直接转化为融合教育课程的内容。根据培训需求的"OTP"模式❶和任务分析要求，在对完成任务的知识、技能、态度、能力等进行初步确定和总结后，应适当根据一定的原则和标准对所有条目进行优先程度排序，确定培训内容中最核心的部分，在本研究中即进一步确定融合教育课程首先应当解决的核心内容。这一过程的实施主要遵循下述原则。

1. 从资料来源上以实践中直接获取的资料为主

虽然对于融合教育教师素养的理论和经验探讨具有重要的价值和意义，专家和学者的认识也能够在一定程度上揭示特殊儿童的加入和学生差异的增大对于一线教师素养的直接挑战和要求，同时国内外教师专业标准所体现出的相关规定也对普通教师的融合教育素养培养具有鲜明的导向作用，但如上所述，就本研究中获得的资料来看，已有文献和标准中的相关规定与我国随班就读一线教师的实际需要和现实诉求存在一定的差异，有些在专家、学者看来重要的核心素养在一线教师的工作中并没有直接、明显的体现，反而有另外个别未受到足够关注的知识或技能对于我国实际承担随班就读的教师来说更为迫

---

❶ 培训需求的确定需要从组织（Organization）、任务（Task）和人员（Person）三个层次综合分析，才能系统、客观、准确地识别培训需求。

切。在此情况下，应当重点考虑现阶段我国随班就读的具体情况和教师的最迫切需求，以尽快满足一线教师的需要为目标进行职前培养的课程构建。

2. 立足国情，更加关注我国的现实情境和实践诉求

在一定程度上借鉴国外发达国家和地区在融合教育教师素养规定和培养方面的先进经验是在我国开展培养工作的必要捷径，但毋庸置疑，我国的随班就读在出发点、指导思想以及具体形态和水平上均与国际发达地区存在较大的现实差距，在普通教师对于残疾学生和融合教育的接纳态度仍未完全形成、我国仍有大量特殊学校长期存在、随班就读支持系统和专业人员的配备还未充分完善的现实情况下，一线教师在面临特殊儿童时所面临的问题和挑战可能更多、所承担的工作任务和内容更不稳定、教师在具体实践中需要的素养内容与发达国家或不同文化背景国家的要求并非完全匹配，此时应当充分立足我国的现实情况，扎根随班就读实践，并与国外情况进行对比分析，剖析我国现阶段随班就读发展的困境和规律，真正明确随班就读普通教师的素养要求及其培养工作的应对策略。

3. 保持一定的前瞻性和引领性

虽然立足于我国随班就读的现实是现阶段构建融合教育课程的基本要求，但发达国家融合教育发展的经验和规律告诉我们，在不同的背景和发展阶段，随着我国随班就读特殊儿童类型、程度的变化以及支持系统的不断完善，对于随班就读教师的素养要求将会有所调整。作为为未来师资力量进行储备的教师职前培养，其课程内容应当在立足现实和探究趋势的情

况下体现出一定的前瞻性和引领性，对诸如合作能力、实施合作教学、国际融合教育发展的趋势等知识和技能素养给予相应观照。

综合考虑上述原则和获得的研究结果，本研究在课程内容构建时将删除"心理发展、个体差异等相关理论""与学生权益和教师责任相关的法律""对特殊儿童进行鉴别与诊断的能力""对资源及服务进行评估的能力"等与我国现实国情或现阶段随班就读教师实际角色契合度较低、仅在一种来源研究结果中得到体现的素养条目，而对一线教师访谈结果、随班就读实践观察结果、我国教师专业标准分析等研究结果给予重点关注，即"特殊儿童学习和行为特点""特殊儿童行为问题的处理和矫正能力""多元评估能力""沟通、交流能力"等。在此基础上，对存在内部联系的素养条目进行有机整合，同时借鉴国际融合教育课程在内容编排上的有益经验，对课程的内容进行最终架构。

第三章 普通师范专业融合教育课程构建的国际经验

欧美等发达国家早在20世纪七八十年代就开始了对普通教师融合教育素质培养的实践和探索，通过独立开设融合教育课程以及创设专门的"融合教育教师培养项目"等多种方式实现着特殊教育和普通教育教师培养的融合，旨在为融合教育的实践输送高质量的、具有融合教育实践能力的高水平师资，从根本上保证特殊儿童在融合教育环境中的受教育质量。经过30余年的发展，国际融合教育教师培养在融合教育实践发展的引导下已经走出了一条从"知识补充"到"技能提升"的培养之路，更好地满足了融合教育实践发展的需要。而在我国，虽然早在20世纪80年代末便在相关政策中要求在普通师范专业开设特殊教育相关课程，但整体来看我国师范类高校对于该类课程的构建和实施均处在起步和摸索阶段，未形成成熟、稳定的课程方案和模式。因此，借鉴国际上发达国家和地区的先进经验和做法是构建我国普通师范专业融合教育课程的有效捷径和必经之路。

本章分为四部分：第一，从整体上归纳国际发达国家和地区普通教师融合教育素质培养课程在目标、内容、实施方式等方面的表现,涉及美国、英国、芬兰等国家的课程案例和做法,以从整体上了解该类课程的共性特征和经验;第二,系统梳理美国普通教师融合教育素养培养的历程和经验,归纳其教师教育变革规律,为我国相关课程的构建提供思路;第三,以美国加州大学圣塔芭芭拉分校教师教育项目中的融合教育课程为个案,详细介绍其课程目标、内容、实施方式以及课程评价方式,并辅以具体的课堂活动实例,真实再现课程实施场景和精髓,为本书中课程的最终构建提供可用性更强的经验和指导;第四,将国际经验与我国现实情况相结合,对普通师范专业融合教育课程的国际经验进行综合思考和总结。

第一节 发达国家普通师范专业融合教育课程构建的总体经验

借鉴"他山之石",分析和归纳发达国家和地区融合教育课程构建和实施的具体做法,能够为我国现实情境下普通师范专业融合教育课程的探索提供较为直接的经验和思路指导。需要说明的是,国外对于融合教育教师的培养已不仅局限于单独增设一门课程,有的教师培养项目要求普通教师修习两门或更多与特殊教育、融合教育有关的课程,还有项目将相关内容融入已有的其他教师教育课程中,大部分项目则将两种方式结合起来实施。此外,除了以课程的方式对普通教师融合教育素质进行培养之外,还有大量直接以"培养融合教育教师"为目标的职前教师教育项目。❶ 上述形式多样的课程和项目虽与本研究对单门课程的关注和构建有所差异,但其核心思想和目标存在共通之处,因此本部分不做严格区分,重点分析其目标、核心内容、实施及评价方式等方面的具体做法,并进行总结归纳。

一、课程目标

教师信念对其态度和实践发挥着直接的指导性作用,而融合教育理念对教师原有信念又带来了巨大挑战,因此,国外几乎所有的教师培养项目都将职前教师的信念转变作为最基础、首要的目标和任务,期望教师首先具备充分的融合教育信念,在思想上认可和接纳融合教育并对其持有积极态度,以此为融合教育知识和技能的获得奠定坚实的基础。例如苏格兰阿伯丁大学(University of Aberdeen)的培养项目就有针对性地对其职前教师培养方案进行了调整,并着重强调教师信念的转变,将"所有学生都值得教""所有学生都能够学习、特殊学生同样能够有所作为""这些工作是教师的责任而不仅仅是特殊教育专家的工作""教师对所有学生的最大发展负有重要责任"等信念纳

---

❶ 国外文献和实践中所提的职前"教师培养项目"(Teacher education/preparation program)与我国的高等师范院校的师范专业相对应。本研究中的特殊教育教师职前培养项目即与我国的高等师范院校特殊教育专业相对应。

入所有的课堂教学中;❶黛安娜·钱伯斯(Dianna Chambers)和克里斯·弗林(Chris Forlin)依据相关的态度理论,认为对融合教师培养的重中之重在于改变他们的信念和态度,才能最终影响其教学行为,因此在其负责的培养项目中设计了教师融入残疾人团体、残疾学生进入高校课堂等有利于职前教师信念转变的策略;❷此外,凯特·斯科吉(Kate Scorgie)的培训项目专门以培养教师对特殊儿童及其家庭的理解和认同为目标,共持续九周;❸乌梅什·夏尔马(Umesh Sharma)主张用反思性的教学方法培训融合教师,认为首先要引导教师反思和澄清自己的教育哲学和信念,例如"如何认识原先被排除在主流教育之外的特殊学生""对他们的教育是否具有可行性,价值何在"等;❹另外在墨西哥、新西兰等国家的融合教育师资培训的实践

---

❶ FLORIAN L, ROUSE M. The Inclusive Practice Project in Scotland: Teacher Education for Inclusive Education [J]. Teacher and Teacher Education, 2009, 25(4): 594-601; SEED. Looked After Children and Young People: We Can and Must Do Better [M]. Edinburgh: Scottish Executive Education Department, 2007.

❷ CHAMBERS D, FORLIN C. Initial Teacher Education and Inclusion [A] // C FORLIN. Teacher Education for Inclusion: Changing Paradigms and Innovative Approaches. London: Routledge, 2010: 74-83; CAMPBELL J, GILMORE L, CUSKELLY M. Changing Student Teachers' Attitudes towards Disability and Inclusion [J]. Journal of Intellectual and Developmental Disability, 2003, 28(4): 369-379.

❸ SCORGIE K. Fostering Empathy and Understanding: A longitudinal Case Study Pedagogy [A] // C FORLIN. Teacher Education for Inclusion: Changing Paradigms and Innovative Approaches. London: Routledge, 2010: 84-92.

❹ SHARMA U. Using Reflective Practices for the Preparation of Pre-service Teachers for Inclusive Classrooms [A] // C FORLIN. Teacher Education for Inclusion: Changing Paradigms and Innovative Approaches. London: Routledge, 2010: 102-111; LARRIVEE B. Transforming Training Practice: Becoming the Critically Reflective Teacher [J]. Reflective Practice, 2000, 1(3): 293-307.

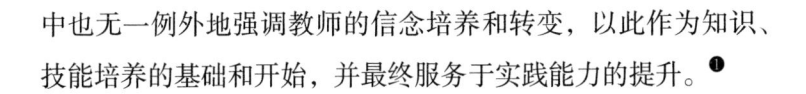

中也无一例外地强调教师的信念培养和转变,以此作为知识、技能培养的基础和开始,并最终服务于实践能力的提升。❶

二、课程内容

(一)以教师专业标准中相关要求为依据

发达国家和地区有较为成熟、完备的教师教育与教师专业标准,为其教师培养工作提供依据和指导。在美国,教师专业标准的建立必须基于大规模的理论分析和实证调研,是教学实践对教师素质需求的直接反映。随着融合教育理念和实践的深入开展,各国在其最新的教师标准中均明确地体现出了融合教育的要求,对普通教师应当具备的融合教育素质进行了详细规定,以此来指导普通教师职前培养课程的改革和调整工作。虽然美国各州的自治程度较高,各州拥有相对独立的教师培养体系、模式和课程内容,但整体上来看,各州教师职前培养目标均以美国教师专业标准委员会(National Board for Professional Teaching Standards,NBPTS)、美国教师教育认证委员会(Council for the Accreditation of Educator Preparation,CAEP)、美国特殊儿童委员会(Council for Exceptional Children,CEC)、美国州际教师评估与支持联盟(Interstate Teacher Assessment and

---

❶ FLETCHER T,ISMAEL G C. Attending to Diversity:A Professional Learning Program in Mexico[A] // C FORLIN. Teacher Education for Inclusion:Changing Paradigms and Innovative Approaches. London:Routledge,2010:162-171.

Support Consortium，InTASC）等机构制定的国家级教师专业标准或培养标准为基础和导向。北卡罗莱纳大学教师教育项目在综合上述教师标准的基础上，提出普通教师需要掌握的融合教育相关知识，并将这些知识分为5个领域、11项素质条目，以此作为该校教师培养项目中融合教育课程的主要内容。❶ 5个领域分别是：特殊儿童的相关知识、对特殊儿童进行学科或跨学科教学的有效策略、恰当的课堂管理和行为干预技能、正式和非正式评估的方法、有效地与特殊儿童家长和其他专业人员沟通的能力。具体来讲，共包括下述11项内容：

（1）特殊儿童鉴别与安置步骤；

（2）法律要求和相关议题；

（3）正式和非正式评估；

（4）IEP和IFSP的制定步骤；

（5）课程调整和适应的策略；

（6）学生行为处理；

（7）特殊学生教育策略；

（8）转衔相关问题；

（9）专业角色和责任意识；

（10）与家长和专业人员合作；

（11）教学资源和辅助性技术的利用。

该类课程的内容均与教师在融合教育实践中的现实需要直

---

❶ COOPER J E, KURRTTS S, BABER C R, et al. A Model for Examining Teacher Preparation Curricula for Inclusion[J]. Teacher Education Quarterly, 2008, Fall: 155–176.

接相关，同时紧密联系特殊儿童在普通环境中的受教育需要，全面涉及对于特殊儿童的鉴别、评估、教育指导、转衔等相关知识和策略，并在课程实施过程中为教师提供观摩、参与特定活动的机会，使其在真正走上融合教育教师岗位之前能够明确自己的专业责任和角色定位，同时具备较强的与实践直接相关的教学管理能力和问题解决能力。

美国威斯康辛大学开设由普通教育教师和特殊教育教师共同承担授课任务的融合教育课程，并基于对教师专业标准的分析和总结设置了课程内容，期望学生对下列知识能够有所理解和掌握。[1]

（1）教师应当对于教育不同类型和程度的残疾学生具有高度的责任心；

（2）真正理解残疾的原意，并超越学生身上的残疾标签而将其看作平等的学习者；

（3）满足 IEP 学生较高优先级的需要，能够对其进行有效的教学并对教室和教学常规进行调整；

（4）在融合教室高效教学并在更大范围的合作网络中扮演重要角色；

（5）了解特殊教育的政治、社会和历史背景，特别是与他们工作的学校或学区有关的要求。

---

[1] FORD A, PUGACH M C, OTIS-WILBORN A. Preparing General Educators to Work Well with Students Who Have Disabilities: What's Reasonable at the Preservice Level?[J]. Learning Disability Quarterly, 2001, 24（4）: 275-285.

(二)突出关注合作、共享能力,强调有效的家校合作

与普通教师在教育特殊儿童时所必备的诸如差异教学、行为管理、课程调整等实际教学能力相比,教师的相互合作、资源共享能力得到了课程开发和设计者的更大关注。在英国 2011 年出台的《教师标准》(Teachers' Standards)❶以及澳大利亚 2018 年最新修订颁布的《国家教师专业标准》(Australian Professional Standards for Teachers)❷中都明确将"与同事、家长及相关人员高效合作"作为教师的必备素质,可见合作能力逐渐成为普通教师在应对融合教育环境和对象时的核心能力。国外对于融合教育的支持系统非常完善,特殊儿童的融合教育是一个系统工程,其参与者不再仅仅局限于普通教师,而是由普通教师、助教、家长、特殊教育专家、学校管理者、康复治疗师等所有相关人员共同组成教育团队服务于融合教育环境中的特殊儿童,他们的工作各有侧重但存在重叠,因此高效的沟通和合作能力便成为融合教育教师提高教学效率、胜任融合教育工作的首要素质,是所有教育教学活动开展的基础。合作能力往往不能通过课程的直接讲

---

❶ Department for Education. Teachers' Standards [EB/OL]. [2021-05-29]. chrome-extension://ibllepbpahcoppkjjllbabhnigcbffpi/https://assets.publishing.service.gov.uk/government/uploads/system/uploads/attachment_data/file/665520/Teachers_Standards.pdf.

❷ Australian Institute for Teaching and School Leadership. National Professional Standards for Teachers [EB/OL]. [2012-07-31]. chrome-extension://ibllepbpahcoppkjjllbabhnigcbffpi/https://www.aitsl.edu.au/docs/default-source/national-policy-framework/australian-professional-standards-for-teachers.pdf.

授来进行培养，因此国外教师融合教育职前培养课程通常通过课程的实施方式和过程达到这一目标，例如设置需要小组合作的课堂活动、分别承担不同的角色共同为特殊儿童制订个别化教育计划、以小组为单位完成行为干预方案的计划与实施等。此外，由于家长参与在特殊儿童融合教育中的突出作用，所以很多课程重点强调教师与特殊学生家长的互动合作能力。例如在美国某州立大学为培养融合教育师资而专门建立的"专业学习学校"中，则要求学员建立包括教师、家长、学校领导、项目管理者在内的"专业学习小组"，在课程学习和实践的过程中提高交流合作能力；此外，苏格兰的培养项目以"让教师知道在遇到困难时向谁寻求帮助、如何寻求帮助"为主要目标之一，为学生提供融合教育支持系统中可以获得资源和支持的对象和渠道，无疑渗透着对于教师与相关人员合作能力的强调；美国和英国的教师培训标准中都明确规定教师在职前培养阶段应当接受与家长有效合作方面的培训[1]，要求学生参加一切形式的与家长互动的活动，如家长会、家校日志、家访等[2]；新泽西州20世纪90年代的教师培养项目专门以培养"高效的合作型教师"为目标，对课程

---

[1] Teacher Development Agency. Professional Standards for Qualified Teacher Status and Requirements for Initial Teacher Training [S]. London: Training and Development Agency for Schools, 2007; The National Council for Accreditation of Teacher Education. Professional Standards for the Accreditation of Schools, Colleges and Departments of Education [S]. Washington, DC: National Council for Accreditation of Teacher Education, 2002.

[2] HORNBY G, MURRAY R. Group Programs for Parents of Children with Various Handicaps [J]. Child: Care, Health and Development, 1983, 9 (3): 185-198.

设置、实践形式上进行调整，让学生接受长达5年的合作能力的密集培训。❶

三、课程实施

（一）对参与融合教育实践的时间进行严格要求

在真实的教学环境中进行实践和体验是国际上职前教师融合教育课程或项目突出、一致的特征，不同形式、不同层次的教师教育课程和项目均将"实践"作为其终极目标及实现该目标的重要途径。不论是教师信念的培养和转变，还是知识、技能的最终掌握，都要在真实的教学情境和不断的亲身实践中实现。因此，一定时间段和足够强度的教育实习是职前教师成长和专业发展的必经阶段，也是历来教师教育课程实施的重要环节之一。基于融合教育实践的特殊性，入职之前的充分体验和感知显得更加重要，众多课程将对于"实践"重要性的强调直接体现在对于学生实践学时量的要求上，期望学生能够在实践和冲突中不断反思、调整、巩固自己的信念、知识和技能，最终胜任融合教育的工作。苏格兰政府资助的融合教育课程始于

---

❶ EVERINGTON C, HAMILL L B, LUBIC B. Restructuring Teacher Preparation Programs for Inclusion: The Changes Process for One University [J]. Contemporary Education, 1996, 68（1）: 52–56; WANG M, FITCH P. Preparing Pre-serviceTeachers for Effective Co-teaching in Inclusive Classrooms [A] // C FORLIN. Teacher Education for Inclusion: Changing Paradigms and Innovative Approaches. London: Routledge, 2010: 112–119.

2007—2008学年度，在全部课程的前半段，教师进行相关知识和内容的讲授，后半段时间全部安排学生进入融合教育的一线实践，为他们将理论化的知识、策略转变为操作化的实践和技能并巩固其教育信念提供真实的场所和机会；此外，20世纪90年代美国新泽西州推出的"合作型教师培养项目"共五年，在第五学年学生全部在一线融合学校进行每周4~5天的教学实习。较长的实习时间和充分的实践机会将学员置于融合教育的真实情境中，对教师信念的转变和知识技能的获得和实践起着关键作用。[1]

（二）教学实践参与和社区生活参与相结合

如果说融合教育学校教学实践的直接参与能够有效提升职前教师在大差异课堂中对特殊儿童进行教学指导和管理的能力，那么直接参与特殊儿童及其家长生活的社区活动能够更好地增进职前教师对于特殊儿童及其家长的感情，真正感受其期望和需要。国外融合教育课程的实施中更加强调职前教师对于残疾学生社区活动的直接参与，以及与特殊儿童及其家长在学校教学环境之外的充分互动。黛安娜·钱伯斯和克里斯·福林的培训课程中更是带领学员充分融入社区与残疾学生互动，并且互动时间的长度需要达到特定的要求，帮助他们更加理解残疾学生在学习时面临的困难，另外还要求学校每周安排一天接

---

[1] WANG M, FITCH P. Preparing Pre-service Teachers for Effective Co-teaching in Inclusive Classrooms [A] // C FORLIN. Teacher Education for Inclusion: Changing Paradigms and Innovative Approaches. London: Routledge, 2010: 112-119.

纳前来参观、体验大学生活的残疾学生，充分感受彼此的真实生活以建立归属感和认同感；凯特·斯科吉设计了持续九周的职前教师与特殊儿童家长互动时间，在此过程中要求职前教师扮演特殊儿童家长，并与专业人员一同制订个别化教育计划。

四、课程评价

（一）突出发展性和过程性

在国外，无论是针对普通教师融合教育能力进行培养的单门课程还是专门以融合教育教师培养为目标的独立项目，对实施效果的评价均是整个工作的重要内容之一。在世界范围内来看，融合教育师资的培训工作并没有固定的体系和模式可以参照，各国需要在持续的总结、评估和摸索中不断提高课程实施效果和教师培养质量。因此，课程评价的发展性显得尤为重要。凯特·斯科吉对其开设的融合教育课程进行了三次阶段性评估和一次终结性评价，发现该课程在提高教师理解、同情并尊重特殊儿童及其家庭等情感方面发挥了重要的积极作用，并针对评估结果对课程进行了修订和完善；❶ 还有课程在每个月末都进行阶段性评估，通过收集职前教师的自评记录和培训档案进行；斯彭斯·萨伦德（Spence Salend）更建立了专门的"项

---

❶ SCORGIE K. Fostering Empathy and Understanding: A longitudinal Case Study Pedagogy [A] // C FORLIN. Teacher Education for Inclusion: Changing Paradigms and Innovative Approaches. London: Routledge, 2010: 84—92.

目评价指标体系",主张从课程中与全纳教育相关的核心信念、课程内容、教学方法和学习活动、实习情况、培训项目的报名和完成情况、教师队伍多样化程度、对实践产生的最终影响等七方面评估融合师资培养项目的运行效果,采用问卷和访谈、观察、反思性日志、成果集、专栏、考试等方式获得评估资料。❶发展性、过程性的评价方式能够更有效地促进学生实践能力的提高以及课程本身的发展完善。

(二)评价主体多元化

由于国外的融合教育课程实施要求学生在教学一线进行较长时间的实践,任课教师仅通过学生的课堂表现或提交的作业难以客观、全面地对学生的实践能力进行评价,因此,国外的融合教育课程和教师培养项目在评价主体上表现出明显的多元化特征,例如加拿大阿尔伯塔省在对其使用的"内容嵌入式"教师培训策略(即将融合教育和特殊教育相关内容融入教师教育项目的其他核心课程中)进行评估时,设计的评估内容和指标包括职前教师对融合教育的态度、知识、技能、胜任力以及对特殊儿童感情、融合教育信念等,且以胜任力和融合教育信念的评估为主,评价主体不仅包括任课教师,还包括职前教师

---

❶ SALEND S J. Evaluating Inclusive Teacher Education Programs: A flexible Framework [A] // C FORLIN. Teacher Education for Inclusion: Changing Paradigms and Innovative Approaches. London: Routledge, 2010: 130-140.

的实习指导教师、主管教师，甚至包括项目管理者。[1]

第二节　美国普通教师融合教育素养培养的变革历程

纵观世界范围内普通教师融合教育素养的培养，以美国为主要代表的融合教育发展水平较高的国家早在20世纪70年代就率先在教师教育领域有所变革，以回应特殊儿童加入、教育对象差异增大给普通教师素质和教师培养工作带来的挑战和需求。从最初以单独设课的方式为普通教师补充特殊教育及特殊儿童相关知识，到逐渐在融合教育实践中对职前教师技能性素质的着重培养，再到将特殊教育内容与其他教师教育课程穿插相融，甚至变革整个教师培养体系，将普通教师培养和特殊教育教师培养完全合并以满足当前融合教育实践的现实需要，西方发达国家在普通教师融合教育素质的培养上走出了一条不断变革和探索之路，形成了较为稳定、完整的融合教育教师职前培养课程和模式。本节在大量文献分析的基础上试图对融合教育背景下美国普通教师培养的变革历程和阶段特征进行探寻和分析，从根本上认识普通教师融合教育素养培养的本质要求和规律，从而为我国普通师范

---

[1] LOREMAN T. A Content-infused Approach to Pre-service Teacher Preparation for Inclusive Education [A] // C FORLIN. Teacher Education for Inclusion: Changing Paradigms and Innovative Approaches. London: Routledge, 2010: 56–64.

专业融合教育课程的构建提供重要依据和参考。

一、20世纪70年代中期到90年代初的起步与尝试：增加"知识补充"型独立课程

1975年，美国《所有特殊儿童教育法》(*Individual with Disabilities Education Act，IDEA*)正式颁布，这一法律在保障美国特殊儿童基本受教育权利方面具有划时代的意义。该法案规定，所有特殊儿童均有权利进入"最少受限制环境"中接受教育，而这种"最少受限制环境"对于大多数特殊儿童来说均为普通教室。大量特殊儿童的加入给普通教师带来了前所未有的挑战，教师教育必须予以回应。面对这一现实，教师教育者最初认为，教师面临的挑战主要源于"无知"，即教师职前培养中知识体系的空缺和不完整，❶导致职前教师缺乏特殊教育和特殊儿童的相关知识，加上当时整个教师教育课程受到"技术理性"取向的深刻影响，因此，在职前培养中以单独设课的方式对特殊教育和特殊儿童相关知识进行补充，在当时成为对职前教师进行融合教育素养培养的主要途径，这一要求也逐渐体现在国家和州层面的教师专业标准以及教师教育项目标准中。❷也正是在1975年，美国联邦政府颁布了"院长基金"(Deans'

---

❶ GANSCHOW L，WEBER D B，DAVIS M. Preservice Teacher Preparation for Mainstreaming [J]. Exceptional Children，1984，51（1）：74–76.

❷ HARTLE H. Teaching Handicapped Students in the Regular Classroom: State Preservice Certification Requirements and Program Approval Standards [EB/OL]. [2020–01–02].https: //files.eric.ed.gov/fulltext/ED221513.pdf.

Grants），以支持各州教师教育机构改变普通教师和特殊教育教师完全独立培养的局面，在一定程度上实现二者的交汇和融合。1980年对全美50个州的调研表明，15个州将特殊教育课程的修习作为考取普通教师资格证的强制性要求，11个州正在筹划和权衡中。两年后的1982年，要求普通教师培养中必须设置专门的特殊教育课程的州达到17个，18个州在普通教师标准中体现了与特殊教育相关的素质要求。1989年，希拉·琼斯（Sheila Jones）等对全美普通教师教育项目中的融合教育课程进行了大范围调研，其结果显示，这一时期该课程的"知识补充"定位非常明显。❶

在"知识补充型"课程定位的影响下，这一时期普通教师培养中开设的特殊教育课程以对特殊教育、特殊儿童基本知识的介绍为主体内容，纯知识性内容的比例远高于技能性内容。在所有课程方案涉及的内容中，覆盖面达90%以上、并将该内容的授课目标定位于"知识了解"水平的内容条目包括"特殊教育法律""各类特殊儿童特点""传统的残疾分类""相关服务""个体间和个体内差异""筛查和评估过程的基本知识""瀑布式安置体系"以及"流行病学和疾病预防"。此外，将授课目的定位为"知识了解"的课程方案远多于将其定位为"知识应用"的课程方案（前者在48%~100%，后者在1%~30%）。例如，即使是"课堂管理"这一技能性较强的内容条目，也仅

---

❶ DOVE JONES S, MESSENHEIMER-YOUNG T. Content of Special Education Courses for Preservice Regular Education Teachers［J］. Teacher Education and Special Education, 1989, 12（4）: 154-159.

有15%的课程方案有所涉及并期望学生达到"知识应用"的水平（见表3-1）。除此之外，这期间该门课程使用的教材也大多按照特殊教育学科体系内容编排，即重点包括特殊教育政策、法规、各类特殊儿童的身心特点和诊断标准等，❶知识理论性的课程内容占较大比例，停留在"知识了解"层面的授课目标更多。这充分说明，这一时期普通教师培养中的特殊教育课程是一门"知识补充"型的通识课程，只是期望增强普通教师对于特殊教育、特殊儿童的基本认识和了解，还难以谈及促进教师在融合环境中实践技能提升的真正要求。

表3-1　1989年美国71门融合教育课程内容及要求达到的掌握水平

课程内容条目	包含并要求达到了解水平的条目（%）	包含并要求达到应用水平的条目（%）
特殊教育法律	100	6
各类特殊儿童特点	99	17
传统的残疾分类	94	8
相关服务	94	14
个体间和个体内差异	90	17
筛查和评估过程的基本知识	90	10
流行病学和疾病预防	90	6
瀑布式安置体系	90	15

---

❶ VAUGHN S, BOS C S, SCHUMM J S. Teaching Mainstreamed, Diverse, and At-risk Students in the General Education Classroom [M]. Boston: Allyn& Bacon, 1997: 550.

续表

课程内容条目	包含并要求达到了解水平的条目（%）	包含并要求达到应用水平的条目（%）
法律诉讼	89	6
跨学科团队建设	89	15
个别化教育计划	83	24
特殊教育中多元文化的影响	80	13
特殊儿童早期教育	77	6
课程调整	73	25
环境调整	70	30
学习材料调整	70	25
个体学习风格	68	27
同伴互动辅助	65	17
课堂管理	61	15
生命周期	59	4
技术进步	59	17
家庭动态学	58	11
调整型辅助设备	58	10
教师社区/学校资源	58	10
人际沟通风格	56	11
财政相关议题	54	1
特殊儿童教学计划	48	18

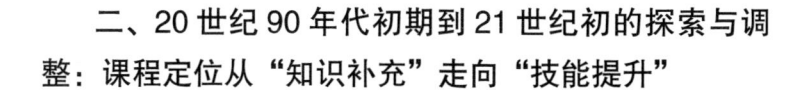

二、20世纪90年代初期到21世纪初的探索与调整：课程定位从"知识补充"走向"技能提升"

（一）对"知识补充"型课程的反思

在"知识补充"型的融合教育课程越来越多地出现在普通教师职前培养方案中的同时，人们开始关注这一变革带来的效果，即这样的课程能否真正满足普通教师在融合教育环境中的素质需求，有效提升职前教师入职后对于大差异课堂的应对能力和对特殊儿童的教育效果。但事与愿违，在此之后的相关研究均表明，即使在职前阶段接受过特殊教育相关课程培养的教师，在融合班级中仍然显得"无奈、焦虑和束手无策"[1]，并表示自己仍然不具备在普通班级中为特殊儿童提供恰当教育和指导的基本素质。这样的结果使得教师教育机构和项目的负责人员开始重新思考，普通教师在融合教育情境中究竟需要什么样的素质？职前培养阶段的融合教育课程应当如何为培养这种素养做出努力？现有的以"知识补充"为出发点的融合教育课程是否能够真正帮助职前教师为胜任融合教育教学工作做好准备？有学者则明确指出，"融合教育的本质就在于它的灵活性、

---

[1] ASKAMIT D L. Practicing Teachers' Perceptions of Their Preservice Preparation for Mainstreaming [J]. Teacher Education and Special Education, 1990, 13 (1): 21-29; WELCH M. Teacher Education and the Neglected Diversity: Preparing Educators to Teach Students with Disabilities [J]. Journal of Teacher Education, 1996, 47 (5): 355-366.

多样性和不确定性,当前课程存在的最主要问题便是它的'系统性'和'确定性',过于强调学生对于每一类特殊儿童群体的系统了解,包括每类儿童的身心特点、分类、鉴别及诊断标准,甚至病因,这显然脱离了融合教育课堂本身的大环境,难以为一名基本身份为普通教师的教师所用。很多教师在修习这样的课程之后误认为自己必须和特殊教育教师一样精通所有特殊需要的相关知识,为每一类甚至每一个特殊儿童发展出完全不同的教学策略。真正有效的课程,是教会这些教师能够在大差异背景中回应特殊儿童需求的教学技能,以及帮助教师在学校的结构体系中为自己和学生争取到更多的支持,而不是仅仅知道每一类孩子的'标签'和含义"。[1]

(二)"技能提升"受到更多关注

基于上述反思,在20世纪90年代初期开始出现了较大范围、针对融合教育一线实践的调研,[2]与预期一致,这些结果均认为教师的"沟通能力""团队合作能力""课程调整和适应能力""反思能力""积极行为支持能力""辅助性技术的使用能力""对教学助手的监管能力"等对于提升普通教师驾驭大差异课堂的能力比特殊教育知识的单纯补充更加

---

[1] PETERSON M, BELOIN K S. Teaching the Inclusive Teacher: Restructuring the Mainstreaming Course in Teacher Education[J]. Teacher Education and Special Education, 1998, 21(4): 306-318.

[2] FORD A, PUGACH M. OTIS-WILBORNC A. Preparing General Educators to Work Well with Students Who Have Disabilities: What's Reasonable at the Preservice Level?[J].Learning Disability Quarterly, 2001, 24(1): 275-285.

有效。❶

　　基于对融合教育素养需求的反思、调研和重新定位，加上舍恩（Schon）"反思性实践者"思想在整个教师教育课程改革领域发挥着不断深入的影响，这一时期，普通教师培养中的融合教育课程从内容和实施方式上均表现出明显的"实践"转向：内容上不再拘泥于特殊教育本身的学科逻辑和知识体系，而按照融合教育教师素养的现实需求安排较多技能性内容；❷同时，课程的实施更注重职前教师与融合教育实践的直接互动，强调教师在与真实教学情境的互动中通过自主探究、体验感悟的方式建构自己的个性化知识，最终实现实践能力的提升。基于此，课程中越来越多地包含长时间参与融合教育一线实践、大量小组合作项目、在教学实践中进行行动研究和自主探究、以小组为单位进行融合教育课程设计与点评等实践性环节，以期有效地帮助职前教师为应对融合教育课堂做好准备。❸

　　整体来看，这一时期普通教师职前培养中的融合教育课程在导向上发生了明显、关键的转变。其一，课程内容更多地关

---

❶ VAN LAARHOVEN T R, MUNK D D, LYNCH K, et al. A Model for Preparing Special and General Education Preservice Teachers for Inclusive Education [J]. Journal of Teacher Education, 2007, 58（5）: 440-455; FISHER D, FREY N, THOUSAND J. What Do Special Educators Need to Know and Be Prepared to Do for Inclusive Schooling to Work? [J]. Teacher Education and Special Education, 2003, 26（1）: 42-50.

❷ LOMBARDI T P, HUNKAM N J. Preparing General Education Teachers for Inclusive Classrooms: Assessing the Process [J]. Teacher Education and Special Education, 2001, 24（3）: 183-197.

❸ NOWACEK J E, BLANTON L P. A Pilot Project Investigating the Influence of a Collaborative Methods Course on Preservice Elementary Education Teachers [J]. Teacher Education and Special Education, 1998, 19（4）: 298-312.

注融合教育一线实践对于普通教师素养的需要和挑战，技能性内容开始占有较大比例；其二，课程本身的实践性明显增强，更加注重教师在情境中与实践的互动和感知，在实践中实现技能的提升。

三、21世纪初期以后的巩固与升华：项目层面的彻底交融与单独设课方式并存

（一）项目层面的彻底交融

通过在普通教师职前培养中单独开设一门特殊教育或融合教育课程的做法在相当长一段时间内承担着普通教师融合教育素养提升的重任，事实证明这种积极作用不可忽视。美国2009年的一项调研表明，已有73%的小学教师培养项目强制要求开设专门的融合教育或特殊教育课程，而在中等教育阶段的教师培养项目中，也有67%包含此项规定。❶

随着融合教育理念和实践的变迁和深入，除了具有极重度障碍、有较高程度医疗养护需要的特殊儿童之外，大多数特殊儿童均得到了进入普通学校接受教育的机会。此外，所有儿童的个性和差异也越来越得到重视和尊重。因此，在普通学校中，特殊儿童与普通儿童之间的"界限"越来越模糊，越来越

---

❶ HARDMAN M L. Redesigning the Preparation of All Teachers Within the Framework of an Integrated Program Model［J］. Teaching and Teacher Education，2009，25（4）：583-597.

倾向于将受教育对象看作同质的整体，即"儿童"不再做"正常"和"异常"、"普通"和"特殊"之分，因此特殊儿童的"特殊性"越来越被弱化，反而将这种特殊性纳入教育对象差异性和多样性的范畴中，成为教育对象整个群体的基本特性。基于上述认识和融合教育实践的发展，真正能够胜任融合教育工作的教师需要的不仅是"普通教育知识"和"特殊教育知识"的机械组合和叠加，仅仅开设一门融合教育课程也难以真正实现提升教师融合教育能力的目标。因此，教师教育者开始思考和尝试教师教育项目层面的改革，试图彻底打破普通教师和特殊教育教师分开培养的局面，将原有项目完全合并，并将其直接命名为"融合教育教师培养项目"，体现二者的彻底交融。其实这种尝试在20世纪70年代就曾经出现过，但由于当时教师教育者的观念、教师教育机构内部制度和运行机制的限制、各项目负责人合作意愿不足等原因，这种改革和融合仅停留在了上文提到的单独设课层面。[1] 经过20多年的检验，所有儿童都平等的理念不断深入，融合教育的发展趋势不可回避，实践和现实需要的是能够有效满足包括残疾儿童、学习障碍儿童、超常儿童在内所有儿童的差异和需要的教师，需要教师将所有知识、技能和经验融会贯通，而这早已越过了"普通"和"特殊"的分野。

据此，以"满足融合教育实践需求"为终极目标，当前美

---

[1] KLEINHAMMER-TRAMILL J. An Analysis of Federal Initiatives to Prepare Regular Education Students to Serve Students with Disabilities: Deans' Grants, REGI, and Beyond[J]. Teacher Education and Special Education, 2003, 26 (3): 230-245.

国的教师职前培养项目在项目理念和目标、课程内容、实施方式、评估标准等方面与传统教师培养项目相比都发生了根本性变化,也不断满足着日益多样化的教育对象的教育需要以及对教师培养的更高要求。合并后的项目使所有想要从事教师职业的学生参加完全相同的课程,毕业后可同时获得普通教育教师和特殊教育教师双重从业资格,故称为"双证式"教师职前培养项目(Dual Licensure Pre-service Teacher Education Programs),直接体现了融合教育教师培养的最根本要求。❶从该项目毕业后学生可以依据学校工作的实际需要担任普通学校中的普通教师或特殊教育教师,❷在这种情况下,普通学校的教师已经不再有"普通"和"特殊"之分。目前美国印第安纳大学(Indiana University)、雪城大学(Syracuse University)、普洛威顿斯学院(Providence College)、田纳西大学(University of Tennessee)的教师培养项目均采用此类方式进行。❸但是,与在已有项目中进行单独设课相比,项目层面的改革和交融毕竟涉及更大范围的变革,需要更多的人力、物力、财力投入,以及教师教育管理者的先进理念和创新精神,同时受教师教育机构本身的体制和文化影响较大,因此,目前美国普通教师培养中单独开设融

---

❶ FLORIAN L, LINKLATER H. Preparing Teachers for Inclusive Education:Using Inclusive Pedagogy to Enhance Teaching and Learning for All [J]. Cambridge Journal of Education,2010,40(4):369-386.

❷ SHERRY L. SPOONER F. Unified Teacher Preparation Programs for General and Special Education:Emerging Practices [M]. St. Petersburg:Florida Comprehensive System of Personnel Development Project,2000:2.

❸ VAN LAARHOVEN T R, MUNK D D, LYNCH K, et al. A Model for Preparing Special and General Education Preservice Teachers for Inclusive Education [J]. Journal of Teacher Education,2007,58(5):440-455.

合教育课程这一方式在一定时期内仍大量存在,与上述合并后的"双证式"教师教育项目一同服务于融合教育的师资培养和质量提升。

(二)不断转变和更新的独立课程

就单独设课这一方式来讲,这一时期的融合教育课程也根据融合教育实践的发展进行了调整和更新,以更好地满足职前教师专业化发展的需要。首先,随着美国融合教育支持体系的不断完善和各类专业人员的配备,各类教师在特殊儿童融合教育中的角色和分工更加明确,正因如此,团队协作和资源共享能力得到了空前、突出的强调,❶融合教育的实践要求教师必须学会将自己看作团队中的一员去工作,并且通过有效的合作建立稳定、长效并且能够使特殊儿童获益的伙伴关系。❷其次,随着信息科学技术的发展和应用,大量能够有效提升特殊儿童学习效果的技术类设备在普通学校中出现,这使得大多数职前阶段的融合教育课程均包含"针对特殊儿童的现代科学辅助技

---

❶ VAN LAARHOVEN T, MUNK D D, LYNCH K, et al. Project ACCEPT: Preparing Pre-service Special and General Educators for Inclusive Education [J]. Teacher Education and Special Education, 2006, 29 (4): 209-212; HUNT P, SOTO G, MAIER J. Collaborative Teaming to Support Students with Augmentative and Alternative Communication Needs in General Education Classrooms [J]. Augmentative and Alternative Communication, 2002, 18 (1): 20-35.
❷ HARDMAN M L. Redesigning the Preparation of All Teachers within the Framework of an Integrated Program Model [J]. Teaching and Teacher Education, 2009, 25 (4): 583-597.

术及应用"的相关内容,❶以更好地提高职前教师在实践中的操作能力。❷最后,由于融合教育的深入开展,更多残疾程度相对较重的儿童得到了在普通学校就读的机会,有的项目在其融合教育课程中逐渐加入了"中重度残疾儿童教育和融合需要"这一相关内容,以回应这一趋势和变化。❸此外,该类课程也为学生提供了更多在真实情境中进行实践和感知的机会,实践学分要求也有所增加,有的课程的实践课时需达到总课时量的一半,❹教师教育者期望学生能够在真实情境中寻求理论和实践的"平衡",并在与特殊教育教师、特殊儿童本人及其家长的直接互动中进行感悟、体验和反思,提升职前教师对特殊儿童和融合教育的积极情感。同时,这一时期课程的评价主体体现出明显的多元化特征,不仅由授课教师针对学生的在校表现和任务完成情况进行判断,还更多地邀请实践指导教师参与评价,以期更加直接、客观地评价职前教师在真实情境中的情感

---

❶ ROSE D H, MEYER A. Teaching Every Student in the Digital Age: Universal Design for Learning [M]. Alexandria, VA: Association for Supervision and Development. 2002: 19-22; FORD A, PUGACH M, OTIS-WILBORN C A. Preparing General Educators to Work Well with Students Who Have Disabilities: What's Reasonable at the Preservice Level? [J]. Learning Disability Quarterly, 2001, 24 (1): 275-285.

❷ FOREMAN P. Integration and Inclusion in Action (2nd ed) [M]. Sydney: Harcourt, 2002: 306-388.

❸ DOWNING J E, PECKHAM-HARDIN K D. Inclusive Education: What Makes It A Good Education for Students with Moderate to Severe Disabilities? [J]. Research and Practice for Persons with Severe Disabilities, 2007, 32 (1): 16-30.

❹ FORLIN C, FLORIAN L. Teacher Education for Inclusion: Changing Paradigms and Innovative Approaches [M]. London: Routledge, 2010: 112-119.

态度和实践能力。❶

四、融合教育背景下美国普通教师职前培养变革的特征和趋势

纵观美国普通教师职前培养在融合教育背景下的变革历程及脉络，表现出以下三方面明显的特征和趋势。

（一）始终以融合教育实践的需求为依据调整课程内容

如前所述，美国普通教师融合教育素养的培养过程中，无论是单独设课方式下的课程目标、内容等方面的变化和调整，还是整个培养项目层面的改革和融合，均直接以融合教育实践对于教师素质的要求为依据，而非按照特殊教育学科本身的知识体系和逻辑组织课程，逐渐将普通教师培养中的融合教育课程与"特殊教育概论"区别开来。美国融合教育开展的数十年来，其具体实践也在不断发展变化过程中，例如进入普通学校的特殊学生残疾程度越来越重、类型越来越多，各类辅助技术的应用越来越广泛，需要协同合作的专业人员越来越多等，教师职前培养项目均根据这些实践中的变化进行及时调整，以更好地满足实践的需求。教师教育项目中融合教育课程不再是系

---

❶ FORLIN C, FLORIAN L. Teacher Education for Inclusion: Changing Paradigms and Innovative Approaches [M]. London: Routledge, 2010: 130–140; HUNT P, SOTO G, MAIER J. Collaborative Teaming to Support Students with Augmentative and Alternative Communication Needs in General Education Classrooms [J]. Augmentative and Alternative Communication, 2002, 18（1）: 20–35.

统性和确定性较强的课程，其实践性和灵活性有效地回应了融合教育实践的不确定性和多样性。

（二）课程内容和授课方式的实践性越发凸显

如前所述，美国普通教师职前培养中融合教育课程的定位经历了从"知识补充"到"技能提升"，越发重视职前教师融合教育实践能力的培养。从课程内容来看，单纯的知识性内容占比越来越少，融合班级管理、课程调整和实施、行为管理、融合环境构建、IEP制定与实施等技能性内容成为课程的主要内容。从授课方式来看，其实践性和活动性更加明显，在真实的大差异教学情境中进行实践感知、与相关人员的直接互动逐渐成为学生的主要学习方式，传统的知识讲授所占比例逐渐减小，项目对于职前教师实践学分的要求越来越高，所有教师都需要经过长期一线实践的磨炼才能获得考取教师资格证的资格，体现出鲜明的实践导向。

（三）从顶层设计的高度探索融合教育教师培养的有效模式

如前所述，除了在普通教师培养项目中增设一门单独的融合教育课程之外，21世纪初以来，美国越来越多的教师培养机构开始尝试从顶层设计的高度探索融合教育教师培养的有效模式，而不仅满足于增设单门课程。进而，美国的教师培养机构中出现了"双证式"融合教育教师培养项目。该类项目将所有普通教育和特殊教育的相关知识交叉融合，接受培养的教师可同时考取普通教师或特殊教育教师资格证，在融合教育实践中承担不同的工作内容和角色。无疑，在项目层面上实现普通教师培养和特殊教育教师培养的融合这一方式从变革范围和效果上均更为彻底，也是美国教师培养机构对于融合教育教师培养的大胆尝试，其目标定位于培养能够在大差异教学环境中有效应对不同学生需求的融合教师，而非将"普通教育知识"和"特殊教育知识"分开呈现后机械叠加，这也是融合教育实践发展的根本要求和必然归宿。

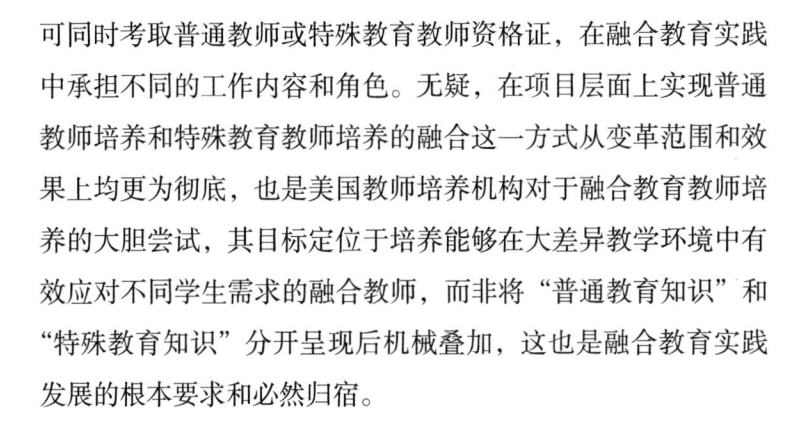

第三节　加州大学圣塔芭芭拉分校教师教育项目的融合教育课程

加州大学圣塔芭芭拉分校的教师教育项目为硕士层次的培养项目，学生共需要完成90学分的课程学习，其中包含3学分与融合教育相关的必修课程，即本研究中所指的融合教育课程。基于加州对于所有教师教育项目的规定和该项目本身对实践性的强调，以及美国教师专业发展共同体的建立和制度保障，参与该项目的职前教师所有的上午时间均在与大学签订合约的一线中小学进行实践，下午和晚上进行相应课程的学习，这充分彰显了教师教育课程对实践性的关注。笔者在担任该校教育学院访问学者期间对该项目中的融合教育课程进行了全程参与、亲身体验，并与任课教师进行了多次访谈，做了翔实的记录并坚持撰写反思日记。参与时间达 10 周，共计 30 个课时。

一、课程描述

该课程名称为"特殊的孩子，融合的教室"（Exceptional Children, Inclusive Classrooms）。本门课程主要讲授残疾学生的相关内容，以及学校及教师如何为他们提供一系列接受教育的机会。课程将会介绍对幼儿园至高中的残疾学生进行转介、鉴别、评估以及提供教育干预项目的法律和组织背景。本课程将会通过讲授、实践、完成作业以及阅读材料等方式对残疾学生的定义、可能的致病原因以及与教育教学密切相关的特点进行澄清。课程将会从实践出发，把重点放在对残疾学生进行教学、课程以及测验调整的原则和有效方法上，从而帮助职前教师满足这些学生在普通班级的独特教育需要。

二、课程目标

（1）了解主要的残疾类型和主要特征；
（2）了解残疾学生鉴别、转介程序以及为其设计和实施的特殊教育项目；
（3）学会在融合教育环境中对残疾学生实施测验调整以及恰当教育的步骤；
（4）意识到自己在教育残疾学生方面的角色和责任。

三、课程内容及安排

（一）具体内容

该课程围绕特殊儿童的融合教育问题展开，共分10讲，设置了丰富的内容和环节，见表3-2。

表3-2 美国加州大学圣塔芭芭拉分校融合教育课程内容安排 ❶

时间	内　　容
第一讲	课程介绍、作业安排、小组汇报安排
	什么是残疾？
	特殊教育的历史和目的
	特殊教育的法律基础（一）
	对残疾人的恰当称呼："People First"
	活动："如果我是立法者"
第二讲	特殊教育的法律基础（二）
	分解 IEP
	IDEA 和 504 公法的主要内容和原则
	教学中的调整和适应
	活动：IEP 会议模拟、真实 IEP 分析与讨论
	真实案例分析：Daniel 应该去哪儿？——为 Daniel 做安置决定

---

❶ 此课程大纲为研究者在真实课程参与过程中所收集文本资料的直接翻译。

续表

时间	内　　容
第三讲	学生汇报：学习障碍 & 言语和语言障碍
	学习障碍的概念
	智商—成就测验、鉴别、认知辅助策略
	转介（transition）和干预反应（RTI）
	进步监控
	课程本位评估
	表现基准
	活动：RTI实操模拟
第四讲	学生汇报：沟通障碍
	积极行为支持
	数据收集
	进步监控
	观看录像并分析：使用积极行为支持改善"FAT City"状况的实例
第五讲	学生汇报：注意缺陷与多动障碍儿童
	行为干预计划策略
	小步子教学
	合作教学
	直接教学
	新行为的建立
	干预计划设计及案例分析

续表

时间	内　容
第六讲	对本课程的形成性评价活动 学生汇报：听力障碍儿童、自闭症儿童
	任务分析
	自我监控
	策略教学
	免费且合适的公立教育
	录像观看：《真实生活——我是聋人》《我有自闭症》
	争议问题讨论：是否应该为 Amy 提供助听器？
第七讲	学生汇报：智力障碍
	与家庭合作
	观看录像：《心路历程》《无条件的爱》
第八讲	学生汇报：肢体障碍和其他健康损伤
	课程调整和适应
	通用学习设计活动
	观看录像：《真实生活——脑外伤》
	活动：工作记忆小游戏
第九讲	学生汇报：脑外伤、视力障碍
	注意和记忆
	差异教学
	通用学习设计及案例分析
第十讲	学生汇报：超常儿童
	多元评估和相关服务

（二）课程内容表现出的特征

首先，课程内容中涉及的残障类型直接来源于并能够满足美国融合教育的实践需要。由于美国几乎所有的特殊儿童均被安置在普通学校接受教育，所以该课程内容涉及从程度较轻的学习障碍、沟通障碍儿童到程度较重的自闭症儿童和智力障碍儿童，以全面满足职前普通教师的专业和实践需要。其次，所教授的课程内容均以融合教育中的技能性知识为主，操作性较强，而纯知识和理论的讲授较少。纵观整个课程内容和安排，除每讲开始时由学生分组完成的关于每一类障碍的汇报展示之外，其余课程均直接以普通教师在融合教育实践中的现实需要为主要内容，坚定立足于融合教育开展和实施的背景，寻求普通教育与特殊教育的契合点，并非单纯对特殊教育和特殊儿童本身的相关知识进行机械补充，对学生实践技能进行培养的内容占较高比例，例如如何为残疾学生做干预决策、制定 IEP 的操作化过程、进行课程调整的具体情况和策略、多元评估方法的执行、行为矫正技术的应用等，以切实加强学生的技能性知识并培养其实践能力，而对于相关理论的传授并不是该课程的主要目标和内容。

四、课程实施方式

如前所述，该课程所在的教师教育项目要求所有教师每天上午全部在融合学校进行实践，全面参与其所在班级的教学和管理工作，同时在课程进行过程中还体现出了明显的实践性和活动性，以充分满足职前教师实践能力提升的需要。

（一）提供实践中的真实案例进行分析和探究

"案例"是建立理论和实践的有效中介和桥梁，案例教学是一种互动、开放式的教学方式，以最经济的方式为学生提供最真实的场景和信息，在共同商议、讨论甚至争论的过程中通过学生信息、观点、经验的分享和碰撞对融合教育中的关键问题进行深入剖析和理解。该课程在对学生融合教育相关技能进行培养时，除讲授和展示之外，注重充分依托真实教学中的案例和融合教育中存在的争议，组织学生进行深入的讨论和分享，以提高实际问题的解决能力。例如，在讲授普通教师对特殊学生进行安置决定中的角色和作用时，教师为班中学生提供特殊学生丹尼尔（Daniel）的真实案例，让学生从普通教师的角度综合现有信息对丹尼尔的安置决定做出自己的分析和判断，通过对真实的案例进行思考和评析来提高职前教师对自己身份和责任的认知和感悟，进而更客观地明确自己在融合教育中的职责和义务。再如，对于"FAPE"（免费且合适的公立教育）究竟意味着什么，教师提供了一个叫艾米（Amy）的重听女孩的案例。在该案例中，艾米能够在普通学校接受融合教育，并且在学校没有给她配备助听器的情况下学习成绩已经超过了班中一部分健全学生，但无疑在配备助听器的情况下她会取得更好的成绩。针对这种情况，学校与艾米的家长就学校是否有义务为艾米提供助听器产生了争议并诉诸法律。教师指导学生就这一案例表达自己的观点并陈述原因，分析学校是否践行了美国残疾人教育法案（Individuals with Disabilities Education Act，IDEA）中为特殊儿童提供"免费且合适的公立教育"（Free and Appropriat Public Education，FAPE）的要求，在思维互动和碰撞的过程中学生们真正理解并建构了自己对"免费且合适的公立教育"理解，从思想上接纳并认可了特殊儿童获得平等受教育机会的权利。实践中真实案例的再现是该课程实施中的重要元素，集中、有组织的、经过恰当引导的案例分析是认识并剖析实践的有效方式，也是课程实施实践性的重要体现。

（二）设置大量的实践操作和体验活动

对于课程中的大量技能性内容，教师通过创造实践操作机会并对其进行指导来提高学生的实操能力，同时在课程进行过程中穿插大量的活动并创设情境，增强学生对于特殊学生感受和需求的体验，使其在活动和实践中获得有益经验，从而主动建构知识。例如，"通用学习设计"（Universal Design Learning，UDL）是西方融合教育教学中积极倡导的有效策略和原则，教师在课程教学内容之后为学生提供一个班级的学生信息（包含两名特殊学生）和一节数学课内容（乘法运算），让班级学生四人为一组使用通用学习设计的原则对该数学课进行课程设计，需要兼顾普通学生和特殊学生的认知基础和学习需要，并在小组汇报环节对课程进行展示，并解释其科学性和合理性。再如，"个别化教育计划"（Individualized Education Plan，IEP）模拟会议活动中,学生通过扮演不同参会人员的角色,体验不同的立场,进一步明确 IEP 会议的程序以及普通教师在特殊学生 IEP 会议中的重要责任。即使该项目学生本身已经有大量的时间(每天半天)在一线学校中进行观察和实践,教师仍在课堂中有针对性地为学生创设大量与课程内容直接相关的实践情境和体验机会,旨在为学生在真实情境中的实践和经验过程提供有针对性的指导,体现该课程对学生实践能力培养的高度关注。

(三)以合作探究活动为主要的任务完成方式

发达国家融合教育发展的经验告诉我们,融合教育效率和质量的提升并非普通教师单一群体角色的改变和素质的提升,而需要更广阔和大范围支持体系的构建和协同运作,普通教师不再是为特殊儿童提供教育的单一群体,而处在由教育行政人员、专业康复人员、各科任老师、医护人员、家长等共同构成的支持网络之中。因此,与支持系统中各个成员的高效合作能力、明确自己在各个活动和程序中的角色和职责,成为对普通教师的最基本、最突出的要求,这一要求也在众多相关研究文献和各个权威的教师专业标准中得到了高度重视和强调。

职前阶段对于教师合作意识和能力的培养在该课程中得到了较为充分的实现,合作学习成为职前教师学习和单元任务完成的主要方式。合作学习是合作团体中的个体为了达到共同的目标而在明确分工和责任的基础上进行的互助式学习。"小组"是国外班级中最常见的学生组织形式之一,小组合作、以小组为单位也是本课程学生完成任务和反思讨论的基本形式和要求。

融合教育要求每一位教师将自己置于由教师、专业人员、学生家长等共同组成的专业支持网络中进行专业定位,从对特殊儿童的安置决策到有效教育教学计划的制定和实施,均是合作的结果,因此"合作能力"作为融合教育教师素质中最重要的内容之一,在本课程中得到了特别的凸显。除了学生需要独立完成的行为干预计划和观察报告,几乎所有的课程任务和活动均以小组为单位进行操作和呈现。例如学生以小组为单位,针对各类特殊儿童的身心特点和教育需要进行研讨和探究,并分工进行汇报;通过小组合作为融合教育课堂进行通用学习教学设计等。学生在此过程中在互帮互助的同时实现着自己和团队的价值,明确了个体在团体中的角色,锻炼了与同伴交流、协作的技巧,与融合教育及当代教师教育培养的价值和精髓相一致。

为了进一步展示该课程实施的全貌,深入分析其特征,下面进一步对其中典型的案例进行呈现和剖析。

1. "融合教育环境中的沟通障碍儿童"课程导入活动

学生四人一组,由教师向每一组下发活动材料——顶端写有描述某种动作或情境的语句的白纸,要求第一个同学根据顶端语句的描述在下方画一幅简笔画表示语句的意思,然后将顶端的语句折起传给下一位同学,使其只能看到第一位同学所画的图画而看不到顶端的语句,第二位同学需要用一句话来描述画面的意思,写在下方横线上,然后将第一位同学所画的图案折起,传递给第三位同学,第三位同学则需要仅根据第二位同学写的句子再次作画、折叠、传递,以此类推。最后,第四位同学将自己所写的句子与教师下发时第一行的句子进行对比,并与小组成员共同讨论,从而体验并理解沟通障碍。通常情况下最后一个学生所写的句子与教师下发材料时页面顶端的句子相去甚远,在每一个"句子—图画"或"图画—句子"的转换过程中都充满笑点和乐趣,整个活动气氛热烈而融洽。

该活动的设计旨在让对沟通障碍学生接触和了解相对较少的职前普通教师能够对班中可能存在的沟通障碍学生的切实感受和障碍表现有所体会和感悟,通过亲身经历和实践了解沟通障碍学生的教育需要,从而更好地从教师的角度满足这种需要。教师并没有对沟通障碍儿童的障碍表现和需要进行过多的讲授式灌输,而是以活动的方式使学生在过程中有所体验,是一种效率较高、趣味性较强的课程实施方式。

2."融合教育环境中的注意缺陷多动障碍儿童"中的情境创设和体验活动

注意缺陷多动障碍儿童是目前普通班级中出现率较高的障碍类型之一。为了能够让职前普通教师关注并了解这类儿童的身心特点和教育需要,授课教师在本课内容开始之前提前安排了几位较为活跃的男生,让其在班中同学进行小组展示和汇报的过程中突然穿着卡通服装从教室的后门进入,班中大部分学生的注意力受到了干扰,不能再集中注意听讲,同时也对注意缺陷多动障碍儿童的身心特点有了深刻的体会。虽然遇到类似的情况,包括普通儿童在内的所有学生的注意均难以集中,但与普通儿童相比,注意缺陷多动障碍儿童的注意更加容易分散,教室中很微小的扰乱因素都会使其难以对教学活动集中注意,从本质上看,普通学生和注意缺陷多动障碍学生注意分散的感受和对班级、授课教师造成的影响是一致的。

由于普通学生对自己的注意均有较好的监控能力，在常规的教学活动中均能够靠主观控制保持较高的注意水平，授课教师设计强度较大的、能够分散普通学生注意的外部因素，是让职前普通教师体会注意缺陷多动障碍儿童感受和需要的有效方式，在职前培养课程进行的过程中进行模拟能够最大限度地接近真实中小学教学情境，为学生的亲身体验创造条件，比单纯的知识传授更加有效。

3. 干预反应（Response to Intervention，RTI）实操活动

将学生分为3~4人的小组，教师为每组学生提供一个真实的二年级班级所有学生连续三个月的数学成绩以及所在州对学生成绩的最低要求，要求小组成员通过讨论判断班中哪些学生应该接受RTI哪一种水平的干预、哪些应当进行进一步的转介和评估，享受特殊教育服务，然后各小组进行汇报、分享。不同小组对于学生评估结果的判断存在一定差异，在教师的引导下做进一步讨论和判断。

RTI是在普通教育环境中对特殊儿童进行评估和干预的重要策略，并且具备鲜明的实践性，这种模拟的实操活动能够让职前教师对RTI的具体操作过程以及可能遇到的问题有最直观的感受和最直接的思考，为其工作后的直接实践奠定坚实的基础，与对RTI原理的剖析以及操作步骤的口头教学相比在提高职前教师的实践能力方面具有显著的优势。

五、课程评价

（一）对学生的评价

该课程要求学生独立或通过小组合作完成五个部分的任务以展示课程学习和实践效果。

1. 行为干预个案研究

要求：应当包括一个表现出特定行为问题的个人或班级的详细信息。首先对其问题行为进行描述，然后针对该问题进行功能性行为评估以及行为干预方案研究，并且在此过程中对学生在该行为方面的进步过程进行监控（篇幅：3~5页）。

第一部分：

（1）学生或班级基本描述。

这一部分是在对某个学生在教育环境中的表现进行观察的基础上进行的一个整体描述。需要从不同的教育环境中进行观察，并收集描述性信息，例如语言、数学、文科、自然、体育、计算机等课程中的表现。要对行为进行尽可能详细的描述，不要想当然地认为读者会自然地明白某些信息。该部分需要包括以下内容：

◎ 为什么要选择这个学生或班级（具体的行为是什么）

◎ 他具有哪些优势和劣势

◎ 对其学习水平和社交能力进行概述

◎ 该学生是否已经被诊断为某一类障碍

(2)咨询结果。

针对该学生的情况与了解他的相关人员（例如特殊教育教师、所在班级普通教师、心理治疗师、言语语言治疗师）进行访谈，呈现访谈结果，其中应当包括该学生的日常表现、目标以及达到目标所需要进行的课程调整。

(3)功能性行为评估。

◎ 使用观察术语描述行为事件。即行为的前因（Antecedent）、行为（Behavior）以及行为的结果（Consequence）分别是什么

◎ 对行为发生可能的功能进行假设

◎ 将行为指标进行量化来监控其进展

第二部分：

(4)行为干预计划。

建立一个你可以在班级实施的行为干预计划，并在实施过程中使用频率记录来判断干预的有效性。计划结束后进行跟踪记录，并将数据变化以图表形式呈现。

(5)结论。

从整体上判断干预计划是否成功并分析原因，为后续计划的实施提供建议和思考。

2. 进步监控方案的设计和实施

该项目旨在让职前教师获得对评估、教学、干预以及课程调整更深的理解。需要包括下述内容：

(1)初次教学（Initial Instruction）：为所在班级上一节课，对全班同学进行评估，根据评估结果找出班中难以达到课程目

标和标准的一个或几个学生。

◎ 描述你是如何上课的

◎ 解释测验是如何对课程目标或标准进行评估的

◎ 描述某个或某几个学生在测验的哪些方面表现落后

（2）再次教学（Re-Teach）：设计一个方案对筛选出的学生针对同一目标和标准进行再次教学。

◎ 描述你是如何上课的

◎ 本次课程与第一次有何不同？为什么你认为这些改变能够帮助他们学习

（3）再次评估（Re-Evaluate）：使用与第一次相似的测验对学生是否达到标准进行评估。

◎ 解释测验如何对目标或标准进行评估，说明你对测验所做的调整或为什么依然使用相同的测验

◎ 描述接受干预的学生的测验表现

◎ 反思你再次教学的效果和对评估进行的调整

3. 资源教室教学观察报告

职前教师需要对在资源教室接受补救教学的特殊儿童的受教育情况进行观察。可以是小组教学，也可以是一对一教学。报告中应当包含以下内容：

◎ 描述课程发生的环境和背景，尽量详细

◎ 描述该课程中的学生，使用"people first"（将"人"放在首位，即首先承认残疾人是一个"人"，其次才是残疾属性）称谓

◎ 描述你所观察到的上课过程，特别注意：教师如何导

入？课程的基本过程和步骤是怎样的？教师如何结束课程？
- ◎ 课程期望达到怎样的目标
- ◎ 描述你观察到的课堂管理技术和规律（包括预防性的和反应性的）
- ◎ 你观察到的其他有趣的事件，例如教室环境、学生互动等

4. IEP 会议观察报告

要求学生对所在学校的 IEP 会议进行旁听和观察，形成观察报告，包括以下内容：
- ◎ 会议进行的环境和背景
- ◎ 参加会议的人员及其与残疾学生的关系
- ◎ 会议进行的步骤，特别注意 IEP 的每一部分是如何确定的
- ◎ 对 IEP 团队人员的互动进行总结
- ◎ 描述家长和学生如何参与会议
- ◎ 你观察到的其他有趣的事件，例如制订转衔计划、替代性评估、安置形式的转换、不同观点的碰撞等

5. 不同残疾类型的分组课堂汇报

学生每 3~4 人一组，每组针对某一类特殊儿童的身心特点和融合需要进行探究、总结和汇报。主要包括各类特殊儿童的关键信息，重点是对于班级教师来说需要采取的教育策略。
- ◎ 该类残疾如何定义
- ◎ 教师可能会注意到什么

◎ 教师针对此类残疾需要掌握的教学策略是什么
◎ 该类残疾的发生率如何

要求：汇报必须基于近五年出版的同行评审期刊、社论以及书籍，并提供完整的参考文献列表；汇报中必须重点包括该类障碍儿童在普通班级中面临的一个典型问题并提供可操作的解决方案。

（二）对课程及教师的评价

一个完整的课程评价不仅包括对学生学习效果的客观考察，还包括学生对课程本身以及教师授课情况的评估。实践性课程对教师的要求主要体现在对学生实践能力的指导和培养上。该课程中学生对课程本身和教师的评价分为两部分，分别是学期中的阶段性评价以及课程结束后的终结性评价。

1. 阶段性评价

在该课程进行过半后（即第六讲开始之前），教师首先会组织全班同学利用课前热身实践对课程进行一次阶段性评价，两人为一组，让学生围绕下面三个问题展开讨论和交流：第一，通过前半段的课程学习学到或者意识到的三个与融合教育实践相关的、最重要的事实；第二，哪两件事情或学到的两方面内容大大提高了自己在融合教育课堂的工作效率，因此对该课程充满感恩；第三，一个自己一直在思考并仍未找到答案的问题。通过学生的口头讨论和分享，以及对融合教育实践的反思和总结，教师能够对学生对于课程的真实感受、基本的教学效果、在实践能力上的提高、学生的进一步学习需要等问题有所了解，从而为后半部分的课程和教学的调整和设计提供指导和依据。同时，该评价突破了传统的纸笔问卷填答方式，使学生能够畅所欲言，在保证信息量的同时增加评价的真实性和客观性。

2. 终结性评价

最后一次课程结束后，该职前教师教育项目要求学生分别对所有课程采取问卷填答的方式进行评价，即所有的课程均使用同样的评价工具。其评价内容主要包括五个方面：课程内容、实施情况、教师的实践能力、授课技能、授课态度。评价问卷采取封闭式问题与开放式问题相结合的方式，除最后一道问题"您觉得该课程还存在哪些优势和需要改进之处"之外，其余均为五级李克特式计分，得分越高，表明学生对课程的满意度越高。与学期中的形成性评价相比，学期末的终结性评价概括性较强，旨在了解学生对课程本身和教师授课情况的综合评价和满意程度。

（三）该课程评价的主要特征

1. 对学生的评价策略突出"实践性"和"活动性"

综观该课程对学生的评价内容和方式，表现出强烈的"实践性"和"活动性"。首先，除针对某一残疾类型进行的课程汇报之外，为学生学习效果进行判断提供依据的资料（即课程作业）全部要求学生在教育实践和活动中完成，包括亲身参与以及观察实践等方式。在真实的场景中实践、观察和操作能够增强职前教师对融合教育和特殊儿童的感悟和体验，提高职前教师对特殊儿童的关注水平和情感、增强对相应教学策略的应用能力以及相关问题的解决能力。其次，对学生评价的核心内容是其实践能力和现实表现，少有直接对教学知识的评价，例如对某类特殊儿童身心发展特点、学习规律的直接提问。行为干预方案的设计与实施、进步监控项目的实施，以及对资源教室教学和IEP会议的观察，均与当前美国的融合教育实践密切相关，对上述活动的亲身参与和实施，是提高学生实践以及在实践中不断总结和反思能力的有效途径。对学生进行行为干预、开展评估等能力的关注体现出课程评价对于实践的关注，即以学生在真实情境中的操作能力为主要评价标准，即使在"课程汇报"这一无须直接参与实践即可完成的课后任务，教师也明确提出汇报内容必须"重点包括该类障碍儿童在普通班级中面临的一个典型问题并提供可操作的解决方案"，要求学生与实践紧密联系。

2. 重视评价学生的实践和反思能力

从理论上讲，实践作用的真正发挥更多依赖的是实践之后的反思和建构，教师应当成为"反思性实践者"。融合教育的实践为职前教师提供了丰富的经验和土壤，而在此基础上教师需要对自身的实践以及实践之间的相互作用进行充分的反思，并与自己已有的经验进行互动和融合，最终建构最优质、有效的知识以更好地服务于实践。在要求学生进行观察或实践后撰写的报告中，教师均指出学生需要在最后部分对参与的活动或实施的方案进行反思和总结。例如在"行为干预个案研究"中，教师要求学生对于干预计划的实施过程及效果进行深入思考，分析总结达到预期效果的经验和效果不甚理想的教训；在

"进步监控项目"中,也要求学生对二次教学及评估的实施和结果进行反思。对传统知识观和学习观的批判和否定将"在实践中反思"作为当代教师学习与专业化发展的有效手段和必经之路,培养"反思性实践者"的教师是整个教师教育的最终目标,因此,在这样一门课程中,在实践中的反思和总结能力也成为对学生进行评价的主要内容之一。

3. 评价的连续性和过程性

上述呈现的课程评价方式充分显示,该课程对于学生学习效果的评价表现出较强的连续性和阶段性,注重在课程进行的不同阶段针对特定的内容对学生的掌握水平和实践能力进行评价,而非在课程结束后统一进行一次终结性评价,以更加客观、真实地评估学生学习和实践能力发展的整个过程。同时,对于课程本身的评价也分阶段性评价和终结性评价两次进行,前者安排在课程进行一半左右,学生对前半段课程的收获、主观感受、仍存在的困惑和问题以及对教师授课的希望进行充分、自由的表达,以帮助教师进一步完善课程。

第四节　国际普通师范专业融合教育课程经验对我国的启示

纵然我国的随班就读在产生背景、现实情况、发展水平等方面与其他发达国家和地区存在差异,但因其核心价值理念和服务对象的一致性，国际上普通教师职前融合教育素养培养方面的经验对我国仍具有重要的借鉴意义。针对本书中探讨的课程，对于国外经验的借鉴包括整体思路和特征的借鉴以及具体做法的借鉴两个层面。具体做法层面的借鉴直接体现在本书最后一章构建的课程中，本部分仅对整体思路和特征层面的可借鉴之处进行归纳阐述。

一、实践能力培养的同时关注态度转变的基础性作用

由于融合教育涉及的教育对象具有特殊性，加上传统观念中对于残疾的歧视和偏见，使得教师自身对于残疾学生和融合教育的态度和信念在工作和实践中扮演着更加关键的角色。国内外研究都表明，教师的积极态度对于成功开展融合教育有着至关重要的作用，教师对特殊儿童的接纳和对融合教育价值的认可是其主动进行知识、技能学习的情感基础和动力。[1] 国外融合教育教师培养课程和项目均将培养职前教师对特殊儿童和融合教育的积极态度作为首要任务，有大量学者专门对教师的融

---

[1] SHARMA U, FORLIN C, LOREMAN T. Impact of Training on Pre-service Teachers' Attitudes and Concerns about Inclusive Education and Sentiments about Persons with Disabilities [J]. Disability & Society, 2008, 23（7）：773-785；CAMPBELL J, GILMORE L, CUSKELLY M.Changing Student Teachers' Attitudes towards Disability and Inclusion [J]. Journal of Intellectual & Developmental Disability, 2003（4）：369；AVRAMIDIS E, NORWICH, B. Teachers' Attitudes towards Integration/Inclusion：A Review of Literature [J]. European Journal of Special Needs Education, 2002, 17（2）：129-147.

合教育态度进行探讨，甚至有项目专门以教师融合教育信念和态度的转变为目标。就我国目前的情况来看，普通教师对于融合教育的接纳和认同程度并不理想，有研究发现有些教师甚至没有形成基本的对融合教育高度认可和对特殊儿童充分接纳的态度，❶这也成为大部分随班就读特殊儿童受教育质量并不理想的主要原因之一。这一现状以及态度在普通教师融合教育素质培养中的核心地位，更加凸显出转变教师对融合教育和特殊儿童态度在我国普通教师职前培养过程中的必要性和紧迫性。因此，在当前的现实情况下，对于我国普通教师职前培养中融合教育的通识课程，应当将态度和信念培养渗透在课程内容和实施的各个环节，在内容编排和课程教学设计中充分考虑信念和情感塑造的需要，通过形式多样的教学和实践活动使教师充分认可和接纳特殊儿童和融合教育，以此作为知识、技能培养的保障和基础。

二、以合作化的组织方式进行有效实践

大量、高密度的实践活动是国际上发达国家融合教育课程实施的重要途径之一，同时，在所提到的实践活动中，大多以合作化的形式进行，强调在实施过程中职前教师之间的协作和共享，这不但符合融合教育实践对教师素质的基本要求，更是实践活动目标达成的有效捷径。例如"小组 IEP 会议模拟活动""以小组为单位进行的 UDL 课程设计活动""以小组为单位

---

❶ 刘春玲，杜晓鑫，姚健. 普通小学教师对特殊儿童接纳态度的研究［J］. 中国特殊教育，2000（3）：35.

撰写无障碍环境考察与完善方案报告""分组深入特殊儿童社区及家庭进行互动交流"等，以合作方式组织的实践活动是当前融合教育课程实施的基本经验，职前教师能够在合作中与同伴和对象进行互动，以充分内化相关知识，使实践活动达到事半功倍的效果。这一基本经验在本研究中课程的构建方面具有重要的借鉴意义。

三、强调深入反思以保障实践效果的真正实现

实践作用的有效实现必须建立在深入反思和总结的基础上，实践和反思是两个不可分割的过程。换句话说，缺乏反思的实践，将失去其真正价值。在国外融合教育课程的实践性环节结束后，教师均安排专门的时间要求职前教师对于经历的实践活动进行深入反思，以充分实现理论和实践的融合，并建构个性化的观念和知识，最终服务于实践能力的真正提升。例如，对于行为矫正方案设计和实施的效果进行反思、对调整后的方案进行再次实施、进步干预方案的实施与反思等。由此可见，"反思"使得"实践"的作用得以真正发挥，是实施效果保障的必要条件。

四、评价的过程性和活动性实现对实践能力的客观评估

实践能力的提升是课程评价的最核心指标。但实践能力提

升的效果和表现难以通过终结性、文字性的方式进行客观评估，因此，课程评价的发展性和过程性是国际融合教育课程评价的显著特征。本研究中对于我国目前融合教育课程评价的调研和分析发现，教师对于该课程和学生的评价仍然以文字性的感想、论文的形式进行，并且仅为一次性的终结性评价，难以对学生实践能力的提高进行客观评估，同时对于课程完善、学生发展方面的积极作用也受到限制。因此，对课程进行定期的阶段性评价、重点检验学生在实践活动中的现实表现，对我国融合教育课程构建具有重要的借鉴意义。

第四章 普通师范专业融合教育课程的现状检视与分析

如前所述，普通教师融合教育素养的培养早在20世纪80年代末期就得到我国相关政策的关注，出现在国家教委（现教育部）等八部委联合制定的《关于发展特殊教育的若干意见》中。从那以后，在普通师范专业加入特殊教育内容、加强随班就读教师职前培养的规定陆续在相关政策以及《残疾人保障法》《残疾人教育条例》等法律法规中明确体现，也涌现出大量的相关研究。这充分说明，对普通教师职前融合教育素养的培养已经作为一个迫切需要关注的议题和任务进入了相关部门和专业人员的视野。那么，我国当前师范院校对于该政策的落实情况如何？针对普通师范生开设的融合教育课程现状如何？该课程在目标、内容、实施及评价方面存在怎样的特征？存在哪些问题？这些问题均需要进行充分了解和分析，以进一步推动普通师范专业融合教育课程的规范科学开设，促进普通教师融合教育素养的职前培养。

从目前收集到的相关文献来看，大多为对当前该课程开设情况的理论分析和经验探讨，缺乏充分的实证依据。基于此，本章通过对部分师范院校普通师范专业融合教育课程开设的情况进行调研，从课程目标、内容、实施和评价四个方面归纳其现状和特征，分析存在的问题和局限，从而为课程的建构和优化提供充分的实证支持。

第一节　我国普通师范专业融合教育课程的现状检视

一、研究对象及方法

（一）问卷法

1. 研究对象

根据以往经验和相关研究结果，目前我国为普通师范专业开设融合教育课程的院校通常为本身开设特殊教育专业的师范院校，而未开设特殊教育专业的师范院校则缺乏开设相关课程的教师和资源，极少开设。因此，本研究采用方便抽样和分层抽样的方式，从我国当前60余所开设本科层次特殊教育专业的师范院校中选择被试，同时兼顾学校层次差异和地区差异，最终选择高校23所，其中东部地区8所，西部地区8所，中部地区7所；师范类院校19所，综合类院校4所；中央/部属本科院校3所，省属本科院校17所，市属本科院校3所。

问卷具体作答人员为该校普通师范专业融合教育课程的具体授课教师。根据不同学校课程授课安排的不同情况,即一所学校可能同时有多名教师开设过相关课程,因此实际作答的教师数多于学校数。最终,调研组共回收有效问卷 26 份,被试基本信息如表 4-1 所示。

表 4-1 被试基本信息(n=26)

项目		人数(人)	占比(%)*
学历	本科	1	3.85
	硕士研究生	11	41.31
	博士研究生	14	53.85
职称	助教	2	7.69
	讲师	13	50.00
	副教授	9	34.62
	教授	2	7.69
教龄	3 年以下	2	7.69
	3~5 年	7	26.92
	6~10 年	13	50.00
	10 年以上	4	15.38
专业	特殊教育学	20	76.92
	其他教育类专业	2	7.69
	心理学	3	11.54
	康复类专业	1	3.85

注:* 由于四舍五入导致部分图表占比之和不等于 100%,下同。

2.研究工具

本研究自编《普通师范专业融合教育课程开设现状调查问

卷》(见附录5)开展调研。问卷分为两部分：第一部分为调研对象的基本信息，共6道题，包括所在学校的类型及层次、学历、专业背景、教龄、职称等；第二部分为问卷主体部分，共15道题，围绕学校普通师范专业融合教育课程开设情况进行调查，包括课程开设的时间、连续性、课程性质、开设动因、授课对象、教材选用，以及课程要素（目标、内容、实施、评价）方面的基本情况。研究者在大量阅读相关文献、与高校特殊教育专家讨论后编制问卷初稿，后邀请6位正在面向普通师范专业开设融合教育课程的教师进行试测，并就问卷题目表述的适宜性、科学性、全面性等提出修订意见，经过两轮修改形成最终问卷，保证问卷的内容效度。

3. 问卷发放及回收方式

为节约时间和物力成本，研究者在与调研对象就调研目的、内容等进行充分沟通后，通过问卷星的方式通过线上发放及回收问卷。

(二) 访谈法

1. 访谈对象

为了弥补问卷调查本身存在的片面性，本研究从接受调研的23所师范院校中选择若干名承担该课程主要教学任务的教师进行访谈，旨在获得课程实施和评价方面的详细信息，从而对该类课程的整体现状进行综合分析。最终访谈对象共6名，其中女性5名，男性1名，教龄在2~9年，教授过该课程的次数在2~6次。

2. 访谈工具

自编《普通师范专业融合教育课程基本情况访谈提纲》(见附录6)。

3. 访谈方式

由于本部分访谈的目的仅为向融合教育课程的授课教师了解该课程设计、实施以及评价的基本情况,故按照方便原则选择了灵活的访谈方式进行,包括电话、网络以及面对面访谈三种方式,访谈时间共计5个小时左右。

(三)文本分析法

在问卷及访谈的基础上,收集6名访谈对象所上课程的大纲和方案进行文本分析,归纳其在目标、内容、实施、评价等方面的现状和特征。

二、研究结果

(一)课程基本情况

由于本部分所涉及的题目在同一所学校中通常答案相同,且通过比对来自同一学校教师的数据,发现除课程范围一题外答案均一致,因此本部分除课程范围一题外,均以学校为单位进行数据分析,即分析对象总数为23所。

1. 开设时间

我国对于在普通师范专业中开设特殊教育相关课程或增加

相关内容的政策规定最早出现在 1989 年的《关于发展特殊教育的若干意见》中，要求"各地普通中等师范学校、幼儿师范学校的有关专业课，可根据当地需要适当增加特殊教育内容；高等师范院校应有计划地增设特殊教育选修课程"。从本研究中的 23 所师范院校来看，17 所在 2011 年以后为普通师范专业开设融合教育课程，开设时间不足 10 年；5 所在 2001—2010 年开设，还有 1 所开设于 2000 年之前（见图 4-1）。整体来看，我国该类课程开设的时间还相对较短，并且存在由于各种原因导致的中断现象，有些学校仍处在摸索和尝试中。

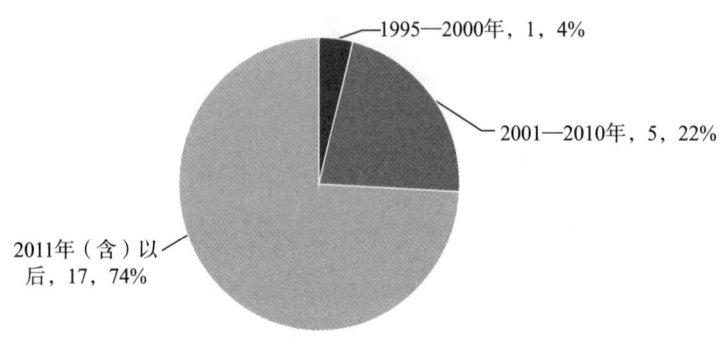

图 4-1　相关课程开设的时间及占比

2. 课程性质和范围

从课程性质上看，接受调研的 23 所学校中，将该课程作为必修课开设的师范院校仅有 4 所，作为专业选修课开设的有 12 所，还有 7 所学校将其作为全校范围内公共选修课开设。整体来看，当前该类课程以选修课为主，作为必修课开设的院校还比较少（见图 4-2）。

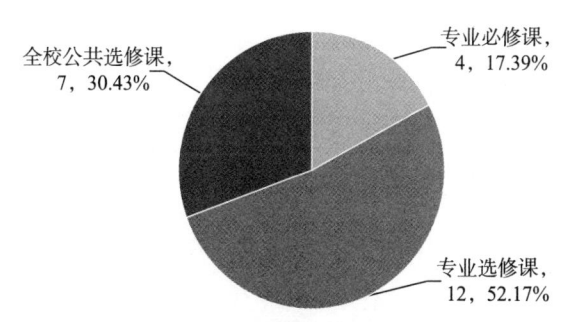

全校公共选修课，7，30.43%
专业必修课，4，17.39%
专业选修课，12，52.17%

图 4-2　课程性质及占比

从课程范围看，26门课程中有14门均仅针对教育类学科中除特殊教育之外的师范类专业（学前教育学、教育学、小学教育学等），4门仅针对学科类师范专业（下设在中文、数学、英语等学院下的师范专业，例如数学教育、英语教育等），还有8门为全校所有专业都可以选修（见图4-3）。整体来看，当前针对普通师范专业开设的融合教育课程大多局限在教育类一级学科中除特殊教育之外的二级学科专业，而授课范围扩展至语文、数学、英语等学科类师范专业的课程和学校还非常少。

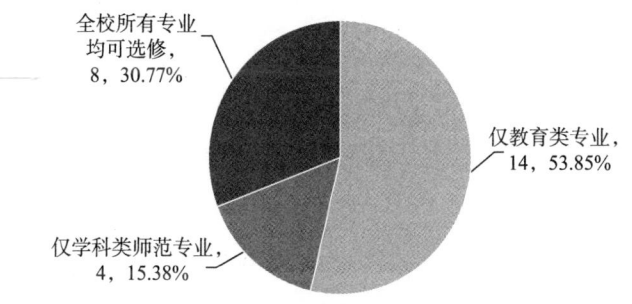

全校所有专业均可选修，8，30.77%
仅教育类专业，14，53.85%
仅学科类师范专业，4，15.38%

图 4-3　课程授课范围及占比

3. 连续性

就课程开设的连续性而言，超过一半学校能够每年坚持为普通师范专业开设融合教育课程，但有 6 所学校该类课程开设过程中有所中断，但仍陆续在开设（见图 4-4）。中断的原因包括培养方案的整体调整、相关院系或专业重视程度不足、没有合适的老师上课、没有足够的学生选，等等。

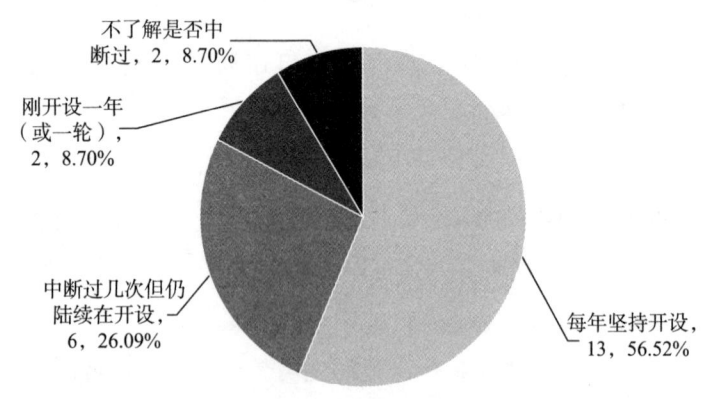

图 4-4　课程连续性情况及占比

- 不了解是否中断过，2，8.70%
- 刚开设一年（或一轮），2，8.70%
- 中断过几次但仍陆续在开设，6，26.09%
- 每年坚持开设，13，56.52%

4. 课程开设的动因

调研结果显示，接受调研的 23 所学校中，有 14 所是在特殊教育系或个别教师个人的推动和主张下为普通师范专业开设融合教育课程，有 6 所是学院推动，而仅有 2 所是在学校层面的推动下开设（见图 4-5）。整体而言，当前我国普通师范专业融合教育课程的开设仍然以特殊教育系或教育学院层面的推动为主要动因，而学校层面缺乏对于该类课程开设的关注和考虑。

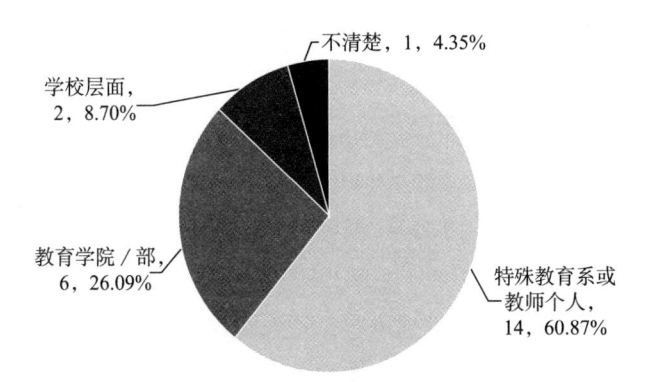

不清楚，1，4.35%
学校层面，2，8.70%
教育学院/部，6，26.09%
特殊教育系或教师个人，14，60.87%

图 4-5　课程开设的动因及占比

（二）课程目标

本问卷采用排序题的方式调查授课教师对于该课程目标侧重点的认知状况。排序题的选项平均综合得分由系统根据所有填写者对选项的排序情况自动计算得出，它反映了选项的综合排名情况，得分越高表示综合排序越靠前。计算方法为：选项平均综合得分＝（Σ 频数 × 权值）/ 本题填写人次。结果表明，所有 26 门课程的目标中，排在第一位的是"帮学生掌握基本的特殊儿童相关知识"，其次是"帮学生形成融合教育的积极情感和态度"，而排在最后一位的是"帮学生掌握基本的融合教育教学技能"（见表 4-2）。这说明当前针对普通师范专业的融合教育课程目标以为师范生补充特殊儿童相关知识为主要目标，较少涉及融合教育技能的培养。

表 4-2　教师对于课程目标排序得分情况

选　　项	平均综合得分
帮学生掌握基本的特殊儿童相关知识	2.35
帮学生形成融合教育的积极情感和态度	2.15
帮学生掌握基本的融合教育教学技能	1.15

从收集到的课程大纲来看，相关课程在目标的表述上大同小异，具有较强的一致性，主要表现在：第一，虽然表述方式各异，但 6 所学校的相关课程目标均同时涵盖了知识、技能和态度三方面内容，说明课程在为普通师范专业学生补充特殊教育知识、技能的同时，对培养学生对特殊儿童的积极态度和信念方面也给予了相应的重视，这种对于知识、技能和态度规定的全面性符合随班就读现实和教师专业发展的需要，体现出了开设此类课程的总体要求；第二，与问卷调研结果一致，大部分课程在目标表述上均较为强调对于学生知识掌握的要求，以使学生掌握基本的特殊教育理论和概念为目标，例如"了解与特殊需要相关的基本概念""了解融合教育的基本理论及基本知识""了解常见的特殊儿童类型及身心特征"等，同时还涉及各类特殊儿童的致病原因和诊断等相关知识，旨在为师范生进行随班就读实践奠定知识基础。

（三）课程内容

调研结果表明，在教材选用方面，26 名授课教师中有 20 名（76.92%）表示自己有固定的参考教材，而另外 6 名教师表示在授课时没有固定参考的教材，使用自行组织的教学材料开展教学。在教师主要参考的教材中，使用最多的是雷江华教授主编的《特殊儿童发展与学习》，有 6 名教师均参考使用；其次是邓猛教授主编的《融合教育理论指南》，此外还有 10 本相关教材在该课程的授课过程中进行运用。整体来看授课教师对于教材的使用较为多元，未出现明显占主导地位的教材。所用教材以融合教育或特殊教育导论、概论类教材为主，全面涉及各类特殊需要儿童的心理发展与教育策略，此外还有专门针对学前阶段儿童，以及孤独症、天才儿童等针对性更强的教材（见表 4-3）。

表 4-3　授课教师固定参考教材情况

书　名	出版社	编著者	使用人数[*]
《特殊儿童发展与学习》	高等教育出版社	雷江华	6
《融合教育理论指南》	北京大学出版社	邓猛	4
《融合教育导论》	北京大学出版社	雷江华	2
《特殊儿童发展与学习》	武汉大学出版社	朱楠	1
《特殊儿童心理与教育》	北京大学出版社	杨广学等	1
《融合教育与教学》	广西大学出版社	张文京	1
《特殊教育概论》	华东师范大学出版社	刘春玲等	1
《学前特殊儿童教育》	清华大学出版社	王萍等	1
《学前特殊儿童教育》	华中师范大学出版社	雷江华	1
《特殊儿童心理学》	东北师范大学出版社	王永等	1
《孤独症谱系障碍儿童的教育》	北京师范大学出版社	胡晓毅等	1
《天才儿童教育》	华中师范大学出版社	雷江华等	1

注：[*] 由于有教师同时参考两本教材，故此列数值之和超过 20。

从具体内容上看，26门课程的内容中涉及最多的是"自闭症儿童心理与教育"，有23门课均包含该内容，这与近年来自闭症儿童数量增速加快，关注度提升有密切关系。其次是"个体发展的差异性与特殊儿童""特殊儿童的分类"以及"特殊教育的基本概念"，均有22门课涉及，体现出了较高的关注度。此外，智障儿童、听障儿童、学障儿童的心理与教育，以及融合教育的意义、发展历史和趋势等内容也得到了授课教师的普遍重视，出现在70%左右的课程内容中。需要注意的是，课程调整、差异教学以及特殊学生行为管理等技能性、实操性内容没有得到足够的关注，仅有不足10门课有所涉及，仅占所有课程的1/3左右（见表4-4）。

表4-4 课程涉及的具体内容统计

内容条目	门数	占比（%）
自闭症儿童心理与教育	23	88.46
个体发展的差异性与特殊儿童	22	84.62
特殊儿童的分类	22	84.62
特殊教育的基本概念	22	84.62
智障儿童心理与教育	21	80.77
融合教育的意义	20	76.92
融合教育的发展历史和趋势	18	69.23
听障儿童心理与教育	18	69.23
学障儿童心理与教育	18	69.23
当前我国特殊儿童的安置形式	17	65.38
情绪行为障碍儿童心理与教育	17	65.38

续表

内容条目	门数	占比（%）
视障儿童心理与教育	16	61.54
特殊教育的意义	16	61.54
各类特殊儿童的致病因素和优生优育	14	53.85
我国特殊教育相关法律和政策	13	50.00
个别化教育计划的制定和实施	12	46.15
肢体特殊儿童心理与教育	10	38.46
与普通学生、家长以及特殊学生家长合作	10	38.46
课程调整	9	34.62
差异教学	9	34.62
国外特殊教育相关法律和政策	8	30.77
特殊学生行为管理	8	30.77
融合教育支持保障体系	8	30.77
盲文、手语	3	11.54
其他内容	2	7.69

结合对于所收集课程大纲的分析，可以看出当前我国普通师范专业的融合教育课程内容表现出如下特征，这些特征也与上述授课教师对于课程目标的定位相符：第一，虽然切入的角度和具体内容有所差异，但相关课程都对特殊教育或融合教育的意义和价值进行了全面强调，鼓励师范生树立正确的特殊儿童和融合教育观。例如有的直接阐述特殊教育的意义，有的从儿童发展差异性的角度让学生认识到特殊儿童存在的必然性以及为他们提供教育的意义和价值，还有的通过讲述特殊教育发

展的历史和趋势说明融合教育的必然性和意义。这些都体现出课程对于教师态度培养和信念转变的重视,为其知识和技能的学习奠定基础。第二,各类特殊儿童的身心特点是本研究中所有课程大纲均重点涉及的内容,除传统的三类障碍(听力障碍、视力障碍和智力障碍)儿童之外,还有较多课程涉及自闭症、情绪与行为障碍以及学习障碍等特殊需要儿童,分别重点对其特征和教育策略进行讲授,这突破了仅关注"特殊儿童"的局限,也拓宽了融合教育对象在我国的外延。此外,各个课程均对特殊教育的基本理论、我国特殊教育的体系、政策等给予了不同程度的介绍,为职前教师提供了有关特殊教育的背景性知识。

(四)课程实施

从课程实施的具体方式上看,使用较多的方式有讲授、观看相关视频/电影、案例分析、小组活动等。其中,所有课程都使用讲授法,26门课程中有25门为学生提供了观看相关视频/电影的环节,以培养学生对于特殊教育及特殊学生的正确认识和积极情感。采用案例分析和小组活动方式的课程也较多,均有21门,占80%左右。此外,仅有9门课程包含对于教学现场的见习/实习/观摩环节,占34.62%(见表4-5)。在这9门为学生提供进入一线教学现场机会的课程中,有4门进入的是融合教育课堂(包含特殊需要学生的普通学校),占44.44%,3门进入的是特殊教育学校,占33.33%,其余为普通课堂(无特殊需要儿童)(1门)、康复训练机构(1门)以及自闭症儿童研究中心（1门）(见图 4-6)。

表 4-5 课程实施方式统计（问卷）

内容条目	门数	占比（%）
讲授	26	100.00
观看相关视频/电影	25	96.15
案例分析	21	80.77
以小组为单位完成某项活动（例如小组作业、小组汇报等）	21	80.77
课上小组讨论	19	73.08
见习/实习/现场观摩	9	34.62
其他	1	3.85

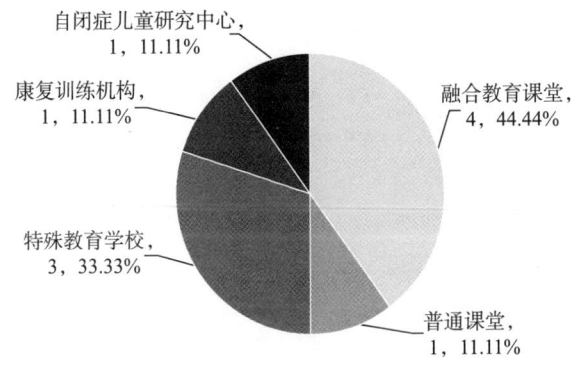

图 4-6 课程实施过程中学生进入的教学现场类型统计

通过对所收集的 6 个课程大纲中涉及的课程实施方式及课时量进行统计分析发现，传统的班级教学和讲授仍是该课程实施的最主要形式，最少占到所有课程时间的 65%，有两所学校的课程全部通过讲授进行。除了传统的课堂讲授之外，有 4 所学校的课程中均采用了特定录像或电影观摩的方式培养学生对于残疾人士以及特殊学生的接纳态度和积极情感，旨在利用影视艺术作品的表现力和感染力实现学生信念的转变，时间占到总课时数量的12%~20%。还有课程为学生分组安排了去特殊教育一线学校参观和见习的机会，让学生对特殊学校的教学和管理工作有所了解，但由于具体条件的限制，时间较短，仅占课时总数的8%。此外，有两所学校的课程为学生设计了实践体验的环节，但并非对于真实随班就读教学情境的实践和体验，只是对于残疾学生生活和需要的体验，例如进行定向行走模拟、盲文以及手语的学习和交流等。

整体来看，当前普通师范专业开设的融合教育课程的实施方式较为多样，从形式上突破了传统教育学类课程单纯讲授的方式，有针对性地加入了视频观摩、案例分析、实践体验等环节，但占比较小且实践场域与真实的随班就读情境存在一定的差异，对于提升师范生融合教育实践能力的作用有限。

（五）课程评价

问卷调研中的所有老师均表示自己采用"形成性评价和终结性评价相结合"的方式对课程实施的效果进行评价。就具体设置的评价任务而言，采用"撰写反思论文"这一方式的最多，达到近85%（22人），也就是说，大多数教师均采用让学生期末撰写一篇相关论文的方式来评价学生的学习效果，这也是师范院校教育类课程中最普遍使用的评价方式。其次是"进行融合课程教学设计"及"设计学生个别化教学方案（行为、学业等）"，均占 46.15%（12 门）；有 11 门（42.31%）课采用较为传统的知识性纸笔考试这一方式考查课程实施效果，采用"进行融合班级环境创设"的课程占 38.46%（10 门）（见表4-6）。

表 4-6 课程评价的具体任务类型统计

内容条目	门数	占比（%）
撰写反思论文	22	84.62
进行融合课堂教学设计	12	46.15
设计学生个别化教学方案（行为、学业等）	12	46.15
知识性纸笔考试	11	42.31
进行融合班级环境创设	10	38.46
其他	3	11.54

从收集到的具体课程大纲来看，首先，6 份课程大纲对课程实施效果的评价均包括让学生在完成所有课程学习之后提交一份文字性作业这一方式，引导学生对特殊教育或融合教育领域内的某一问题发表看法或感想，与传统的纸笔考试相比，学生具有较大的自由度和发挥空间，能够对特定问题充分表达自己的观点和认识，开放性较强。其次，6 份课程大纲对于学生学习效果的考查主要集中在态度层面，即评量学生是否树立了对特殊儿童和融合教育的积极态度和信念，引导学生对于某些特殊教育或融合教育领域内的基本问题进行反思，例如"阐述特殊教育或融合教育的意义""分析开展随班就读工作的利弊"，或撰写特殊儿童或残疾人相关影视作品的观后感，这些大都是

针对职前普通教师态度和信念层面的熏陶和评价。

整体来看，当前我国普通师范生融合教育课程的评价方式以撰写论文为主，主要考查学生对于残疾学生及融合教育的态度和基本认识，少部分课程采用让学生进行教学设计、环境创设、行为矫正方案设计等操作性任务，与传统的教育学相关课程相比，体现出一定的灵活性。

第二节 我国普通师范专业融合教育课程的问题分析

虽然在普通师范专业开设融合教育课程的相关规定早在20世纪80年代末期就在相关政策中出现，但真正课程开设的实践在近十年内才大量出现。本研究的调研表明，23所师范院校中，有17所（74%）在2011年以后才开始为普通师范专业开设融合教育课程，这说明该课程的开设在我国师范教育中仍处在探索和尝试阶段，因此在开设过程中必然会面临一定的问题和困难，课程本身的科学性与一线随班就读实践的真正需要还存在一定距离。本节在上述调研的基础上，对当前该课程开设情况和课程本身存在的问题和局限进行深入分析，从而为该课程的进一步完善以及普通师范生融合教育素养的切实提升提供有效建议。

第四章 普通师范专业融合教育课程的现状检视与分析

一、课程开设层面存在的问题和不足

(一)强制性不足

从本研究的调研结果来看,当前为普通师范专业开设的融合教育课程缺乏强制性,调研的23所学校中将该课程中作为必修课开设的师范院校仅有4所,而其余均为选修课(专业选修课或全校公共选修课),这意味着并不是每一个普通师范专业的学生均能够有机会接受特殊儿童和融合教育相关内容的训练。此外,选修课通常需要有一定数量的学生选才能够正常开课,这使得该课程开设的连续性也受到影响,师资力量得不到充分保障。访谈过程中,有教师表示其所在专业的培养方案中虽然有融合教育相关课程,但选修的学生数量从未达到过学校开课的学生数要求,因此未能顺利实施。在对于课程中断原因的调研中,"没有合适的教师上""没有足够的学生选"都是主要原因。这些都充分说明,当前为普通师范专业开设融合教育课程的强制性还比较弱,未将其作为职前教师培养方案中的必修课程,因此导致职前教师的融合教育素养不够理想。

(二)范围较为有限

从我国师范院校二级学院的设置惯例来看,特殊教育通常与教育学、小学教育、学前教育等专业并列设置于教育学院中，这就导致当前为普通师范专业开设的融合教育课程主要针对教育学院内部的专业，例如学前教育、小学教育、教育学等，这类课程占到被调研课程的一半以上，而26门课程中仅有4门针对教育学院之外的师范类专业，例如中文、数学、英语等相关学院下设的师范专业，有8门是全校范围内的公共选修课。因此整体来看，当前该课程的授课对象和范围仍然是以教育学科内部的非特殊教育专业为主，而对于当前中小学教师更主要的来源——学科性师范类专业学生的覆盖率却远远不足，这与当前随班就读实践的迫切要求存在一定差距。虽然小学教育、教育学等专业毕业的师范生在考取相应学科教师资格证后同样非常有可能去一线中小学任教，但学科类师范专业的毕业生才是当前中小学教师队伍的主力军，他们在职前培养阶段是否能够得到融合教育相关的知识和技能，将直接关系到当前普通学校特殊学生的受教育质量。同时，本研究中4所将该课程作为必修课开设的学校中，有3所都针对学前教育专业，仅有1所针对小学教育专业。虽然学前教育专业学生掌握一定的融合教育内容同样非常必要，但从国家当前上位的政策导向来看，重点推进的是义务教育阶段的随班就读工作，因此从教师职前培养的角度来看，对于义务教育阶段教师融合教育素养的培养在当前阶段更为重要且迫切，而相关课程的开设情况与实践需要存在一定的差距，仅针对部分专业，覆盖范围较为有限。

（三）缺乏学校层面的支持和保障

学校层面的支持和推动，是普通师范专业普遍开设融合教育相关课程的重要保障。一门基础性课程的开设，需要培养方案的调整、师资力量的调配，以及教学资源的统筹等系列工作，而这些工作的顺利进行需要学校层面的整体部署和安排。尤其对于融合教育课程这样一门较为新型的课程来说更是如此，从某种程度上讲，这应当成为当前我国教师教育变革的主要内容，更需要学校层面的重视和协调。而本研究调查发现，对于融合教育课程而言，接受调研的 23 所学校中，有 14 所都是在特殊教育系或个别教师个人的推动和主张下为普通师范专业开设融合教育课程，有 6 所是学院推动，而仅有 2 所是在学校层面的推动下开设，还有 1 所的答案是"不清楚"。由此可见，教师个人或者特殊教育系的直接推动是促使普通师范专业开设融合教育课程的主要动因，而从学校层面还未对普通师范生融合教育素养的培养问题予以关注，自上而下推动相关课程的开设非常少，这也是导致课程覆盖范围较小、强制力不足的根本原因之一。整体来看，为普通师范专业开设融合教育课程、培养普通师范生的融合教育素养，仍然主要由特殊教育领域的专业人士进行呼吁和推动，还未成为整个教师教育领域研究者和管理者关注的核心议题，未形成全校范围内协同推进的理想局面。

二、课程本身存在的问题和局限

（一）课程目标聚焦"特殊儿童",强调"知识补充",缺乏对于融合教育"技能提升"的关注

本调研表明,所有26门课程的目标中,排在第一位的是"帮学生掌握基本的特殊儿童相关知识",其次是"帮学生形成融合教育的积极情感和态度",而排在最后一位的是"帮学生掌握基本的融合教育教学技能",这充分说明,当前为普通师范专业开设的融合教育课程的首要目标是为师范生补充特殊儿童和特殊教育的相关知识,且直接针对特殊儿童本身,虽然这无疑是该课程的直接目标,但这样的课程目标在制定时缺乏对于普通教师在融合教育中的角色的思考,未将普通教师纳入整个融合教育支持系统中进行角色和定位思考,因此看起来与专门培养特殊教育教师课程的目标并无明显差别,没有将普通教师置于融合教育整个的支持系统中对其素质进行综合分析,未体现出普通教师和特殊教育教师的角色差异。为普通师范专业学生开设的特殊教育或融合教育课程应当站在更高的角度,以"在具有更大差异的学生的课堂中有效教学"为最终的培养目标和宗旨,而非将视线仅仅局限于特殊儿童本身。收集到的课程大纲中有一门课程目标的表述——"培养解决普通班级中有特殊教育需要儿童教育教学问题的能力"在此方面具有一定的进步性,但整体来看仍缺乏对普通教育环境和普通教师本身角

色和责任的考虑。

此外,研究表明随班就读工作本身具有更强的操作性和实践性,这要求相关课程更加重视学生实践技能的培养和提升。❶融合教育和随班就读实施的场所仍然为普通学校,随班就读教师角色的本质仍为一名普通教师,所教的大部分学生仍为普通儿童,只是由于个别特殊儿童的加入使得教育对象差异增大,从而对普通教师的素质提出了新的挑战。❷这种挑战既包括教育信念的冲击和转变、新知识技能内容的补充和获取,又包括对某些普通教育技能更加熟练的应用和强调。❸事实上,普通教师在其他教师教育课程中学到的大部分有关教育教学的基本知识和掌握的基本技能仍然适用,只是运用的对象发生了变化,通常,职前教师从知识和理论上可能不需要更多额外的补充和学习,反而对相关理论在融合教育情境中的表现和运用的需求更加迫切,亲身参与随班就读实践,与特殊学生亲自互动,才能真正使职前教师将教育学、心理学等领域的已有理论知识与现实情境相结合,以达到"知"与"行"的统一。因此,作为在职前培养阶段开设的融合教育课程,在课程定位上必须以实际应用为主要目标之一,强调课程调整、差异教学、

---

❶ 冯雅静,王雁.普通师范专业融合教育课程的构建——基于实践导向的模式[J].教育科学,2020(5):70-77.

❷ EVERINGTON C, HAMILL L B, LUBIC B. Restructuring Teacher Preparation Programs for Inclusion: The Changes Process for One University [J]. Contemporary Education, 1996, 68 (1): 52-56.

❸ FLETCHER T, ISMAEL G C. Attending to Diversity: A Professional Learning Program in Mexico [A] // FORLIN CHRIS.Teacher Education for Inclusion: Changing Paradigms and Innovative Approaches. London: Routledge, 2010: 162-171.

行为管理等技能的有效运用，使学生能将理论性的规律与随班就读教学情境的实际经验结合起来，增强其反思和应对能力，实现知识和经验的主动建构，达至融会贯通。

（二）课程内容按照特殊教育学科逻辑组织，远离随班就读实践需要，且知识性内容远多于技能性内容

从问卷调研和对 6 门课程大纲的综合分析发现，当前为普通师范专业开设的融合教育课程仍然按照特殊教育学科的自身的体系和内容进行安排，个体发展的差异性与特殊儿童、特殊儿童的分类、特殊教育的基本概念、各类特殊儿童心理特征与教育、融合教育的发展历史和趋势等内容覆盖率较高，而课程调整、差异教学、特殊学生行为管理、融合教育支持保障体系等与融合教育实践密切相关的技能性内容却仅有 1/3 左右的课程有所涉及，这显然不符合随班就读实践的需求，以及本书第二章中对于随班就读教师专业素养的分析结果。此外，在对教师所选用教材的调研以及与授课教师的访谈中也发现，大部分课程强调学生对于特殊教育的基本理论框架和方法体系的掌握，例如各类特殊教育发展历程、特殊儿童的分类、鉴别、诊断标准、身心特点等，这些内容会帮助普通教师对于特殊教育和特殊儿童有一定的基本认识，但对于职前教师入职后随班就读实践能力的提升作用较为有限。除此之外，教师更需要的是在普通教育环境中教育特殊儿童的知识和技能，需要将由普通儿童和特殊儿童共同构成的大差异课堂看作一个整体进行认识和适应，即如何在满足大部分普通儿童学习需要的同时兼顾特

殊儿童的身心发展,这与在隔离环境中单纯地对特殊儿童进行教育有着本质区别,融合教育环境中的教师绝不是传统的普通教师与特殊教育教师知识技能的机械组合,而是相关知识的有机整合和融会贯通。因此,过于关注特殊教育和特殊儿童本身的内容难以帮助普通职前教师真正实现向融合教育教师的角色转变,课程内容不仅需要以补充特殊教育知识为主,更需要将普通教师置于融合教育的大背景中进行角色定位和思考,紧密结合融合教育实践的需要,从而为普通职前教师提供高效且实用的知识和技能储备。这种以特殊教育、特殊儿童相关内容为中心进行组织和构建的课程,与随班就读教师的真实需要存在一定差距。

(三)课程实施中缺乏有效的实践环节

整体上来看,虽然教师在授课过程中采取了较为多元的实施方式,除传统的课堂讲授外,还包括视频观看、案例分析、小组讨论等,有的课程还为学生提供了活动性和体验性环节,但整体来看缺乏对于一线随班就读实践的直接感知,即有效的实践环节较为欠缺。调研结果显示,26门课程中,仅有1/3左右包含对于教学现场的见习/实习/观摩环节,其中仅有4门课程为学生提供一线融合教育课堂的参与机会,且所占课时量较少,说明在整体上该类课程的实施与实践距离较远,学生缺乏实践操作和充分感知有特殊学生参与的融合课堂的机会,多数课程主要仍为教室范围以内的知识传授。此外,对已有的实践环节进行仔细分析,这些实践并非对随班就读教学和管理能力的提升直接有效，仅是对于特殊教育和特殊儿童的感性认识，与真正能够促进教师知识、技能建构和专业成长的实践活动相去甚远。例如，一线特殊教育学校的参观和见习能够给予普通教师对于特殊教育的感知机会，但特殊学校的教学环境和常规与随班就读的现实情境有着较大差异，师范生并不能够从中直接受益；对视力障碍和听力障碍人士生活状态和需要的体验活动在增加职前教师对特殊儿童的理解和关爱方面发挥着积极的作用，但难以真正服务于教师融合教育综合素质的提升。如前所述，融合教育相关内容和要求应当具有强烈的实践性，实践在师范生从一名普通教师到融合教师的专业成长中扮演着关键的角色，职前教师需要在实践中对特殊儿童这一他们之前几乎没有接触过的群体进行直接观察和感知，了解融合课堂的特征和可能遇到的问题、遇到问题时应当如何求助、进行教学设计时如何兼顾普通学生和特殊学生的需要、在与班级特殊学生和普通学生家长就相关问题进行沟通时应当注意哪些问题，等等，进而在课堂学习中进行重点关注和探究。可以说，普通师范专业融合教育课程中有效实践环节的重要性应当远高于其他教育学基础课程。因此，实践环节的不足或缺失将严重影响课程的实施效果，导致教师所学内容中理论和现实的分离，难以真正服务于教师专业水平和融合教育胜任力的提升。

（四）课程评价中操作性和技能性任务的设置相对不足

本调研表明，虽然所有老师均表示自己采用"形成性评价和终结性评价相结合"的方式对课程实施的效果进行评价，但就具体设置的评价任务而言,有85%的教师均采用"撰写反思论文"来评价学生的学习效果,而使用"进行融合课程教学设计""设计学生个别化教学方案(行为、学业等)""进行融合班级环境创设"等操作性和实践性较强任务的课程不足一半。同时,对于所收集课程大纲的深入分析还发现,当前该课程的考查内容大多集中在学生的态度转变方面,对知识和技能的关注不足。大多数教师都选择使用的感想性、观点性的文字任务难以涵盖课程中所有的重要内容,并非对学生课程学习效果的客观、全面反映,缺乏操作性、技能性任务的设置,这使得对课程效果的评价存在一定的局限。如前所述,普通师范专业的融合教育课程应表现出较强的实践性,以提升普通师范生的融合教育实践能力为目标,因此对其效果的评价应重点关注和考查教师在真正面临普通班级中的特殊学生时的应对能力,例如对其进行行为管理的能力、制定个性化教育方案的能力、进行课程及考试调整的能力、营造融合班级氛围的能力,等等,而整体来看现有课程的评估在此方面较为欠缺,这与课程本身的"知识补充"型定位有密切关系。

本章通过对于当前23所师范院校为普通师范专业开设的融合教育课程进行较为全面、系统的调研发现:第一,近年来,部分师范院校已经意识到对普通师范生融合教育素养进行培养的重要性,按照国家相关政策的要求尝试在普通师范专业开设融合教育相关课程,并对课程进行合理设计和不断优化,以更好地满足一线随班就读实践对于教师素养提出的新挑战;第二,当前相关课程在性质、范围、目标、内容、实施和评价上表现出较强的多样性，还未形成较为统一的课程模式，各校根据自身管理模式、师资队伍、学生特征等进行自主设计和推进。此外，在调研过程中同样发现一些值得进一步关注和探讨的问题，例如当前该课程的开设缺乏学校层面的整体统筹和集中规划，多以教师或特殊教育系为主进行推动，进而课程开设的范围和强制性也亟须提升；此外，在课程本身的目标设计、内容编排、实施方式和评价设计上，仍然存在一定完善空间，以使该课程能够更加精准地满足随班就读一线实践的需要，更高效地培养普通教师胜任融合教育的实践能力。

第五章 普通师范专业融合教育课程的应然样态

从本书中其他章节的分析和相关调研可以看出,普通师范专业普遍开设融合教育课程已成为融合教育背景下我国教师教育课程改革的重要内容,也是在职前阶段提升普通教师融合教育素养的有效举措,将在未来几年中得到更大力度的推进和落实。那么,究竟什么样的课程更加适合在普通教师职前培养阶段开设?课程目标应当如何定位?课程内容应当如何选择和编排?以什么样的方式实施课程效果最佳?课程评价时应当采取哪些策略?本章在对本书前几章相关内容进行综合分析的基础上,对普通师范专业融合教育课程进行系统探讨和科学构建,以期为师范院校开设相关课程提供参考和借鉴。

本章首先对普通师范专业融合教育课程构建的整体原则进行阐述和分析,明确整个课程构建的基本思路和方向;其次,分别对该课程的目标、内容架构、实施和评价方式进行详细、具体的论述,拟为我国普通师范专业的融合教育课程提供可操作化的方案,直接服务于我国高等师范院校该类课程的开设和实施。

第一节 普通师范专业融合教育课程构建的原则

一、以当前普通教师在随班就读中的角色定位和职责范围为核心依据

针对普通师范专业学生开设的融合教育课程从目标的定位到内容的筛选与编排,均需要以普通教师在随班就读工作中的角色、定位以及具体职责为根本立足点,满足普通教师在随班就读工作中的角色需要,而非想当然地认为只要普通教师具备了一定的教育特殊儿童的基本知识,便能很好地胜任随班就读工作。事实上,普通教师不仅需要各类特殊儿童的相关知识,更需要对我国当前随班就读实践的整体发展水平、支持保障条件、融合班级教学与管理等有全面、整体的把握和理解。而根据本研究中的调研结果,我国目前开设的融合教育课程大部分均以为普通教师补充特殊教育和特殊儿童的相关知识为主要、直接的出发点,以特殊教育学科的理论体系和逻辑为基础进行课程构建,旨在提高职前普通教师对特殊儿童的教育和指导能力。特殊教育相关知识的补充无疑具有一定的基础性作用,但知识补充型的课程定位与普通教师在随班就读实践中的角色定

位存在一定程度的偏差，忽略了教师普通教育素养与特殊教育素养在融合教育大背景下的有机联系。并且，在本研究中对一线教师的访谈过程中也发现，相当一部分教师表示对其所接受过的融合教育相关培训并不满意，认为该类培训的目标和内容设置过于指向特殊教育，误认为要将自己同时培养成一名特殊教育教师，这种错误的认识就源于目前的培养和培训课程在对随班就读教师角色进行分析和定位时存在的偏差，忽视了"随班就读教师最本质的角色是一名普通教师"这一重要前提。因此，随班就读教师的素养并非普通教育和特殊教育知识技能的机械组合，在普通学校对特殊学生进行教育和指导并非仅为普通教师的责任，相反，普通教师只是特殊儿童随班就读支持网络和体系中众多的合作者之一，并且同时承担着对班中更大部分普通儿童的教育管理工作，紧密围绕这一定位，剖析普通教师在特殊儿童随班就读工作中的角色和作用，明确特殊儿童的加入对于普通教师和课堂形成的真正挑战，是构建普通教师融合教育课程的根本出发点和重要原则。

二、态度的培养贯穿课程始终

本研究表明，无论是国内外已有的对于随班就读教师素养进行探讨的学术文献、现有的普通教师的专业标准，还是对于随班就读一线进行实践观察，都印证着积极、包容的态度在随班就读教师素养中的基础性作用。随班就读教学实践往往会由于教师态度的不同而展现出完全不同的生态，更加凸显出态度的塑造和培养在本课程中的重要地位。同时，态度和信念的培养也是国际融合教育课程构建的基本经验。因此，对特殊儿童以及随班就读工作的积极态度是职前培养阶段融合教育课程需要关注和解决的基础性问题，也是直接影响教师行为和实践能力的重要因素。但需要明确的是，积极态度的培养并不适合安排特定的内容和课时进行专门且直接的讲授，而应当尽量将其贯穿于课程全部内容和实施过程的始终，以潜移默化的方式引导普通职前教师熟悉特殊儿童、接纳学生发展过程中的个体差异，认可特殊儿童的平等受教育权，对特殊儿童建立关爱、包容的情感和态度，用发展性的眼光看待学生学习过程中存在的限制。这种潜移默化的态度和理念的熏陶将会对职前教师步入工作后的教学和管理实践产生积极而深远的影响。

三、可持续发展原则

教师的专业化发展是由职前培养、入职培训以及职后培训共同组成的可持续发展过程，同样，优秀随班就读教师的专业成长和实践能力的提高必然需要职前扎实的知识技能储备以及职后长期的实践磨砺和经验积累。教师专业发展过程中表现出的阶段性决定了上述各个阶段在培养内容和立足点上应当各有侧重。换句话说，职前培养阶段融合教育课程的目标和内容与随班就读教师职后培训应当有所差异。因此，作为在教师职前培养阶段开设的融合教育课程，是普通教师随班就读素养形成与发展的起始点，应当立足于普通师范专业学生已有的专业及情感储备,培养职前教师对于特殊儿童和随班就读的积极情感和理念,树立教师终身发展的观念和视野,帮助职前教师建构科学、扎实的知识和技能基础,同时在随班就读教师知识、技能以及态度方面素养的要求中,明确最适合并且最需要在职前阶段以集体授课这一方式给予教师的内容,以此为基础构建相关课程,为教师的专业成长和职后的体验、反思提供必要的素养储备。由于特殊儿童本身存在的较大个体差异性以及随班就读课堂的复杂性,职前阶段相关课程的学习并不能迅速帮助教师应对入职后面临的、与特殊儿童有关的所有教学和管理问题,该课程从本质上来讲仍为融合教育的通识性、入门性、概论性课程,旨在首先使普通教师对特殊学生及随班就读形成正确、积极的态度,并具备基本的随班就读监控和指导能力,激发职前教师投身特殊教育及随班就读实践的学习热情和决心,为教师专业发展这一可持续化过程构建科学、恰当的专业和情感基础,从这一角度讲,"可持续发展性"是本研究中融合教育课程构建的主要原则之一,在内容和主旨上均顺应教师学习和专业化发展的规律和要求。

四、国际经验与本土实际相结合原则

本书对于普通师范专业融合教育课程构建的国际经验进行了系统的梳理,并对典型课程个案进行了详细的分析和借鉴,这对于本研究中融合教育课程的构建具有重要的指导和借鉴意义,但同时也发现国外该课程中的部分内容和实施方式在我国教师教育的现实状况下并不具备可操作性,因此,课程的最终构建更需要充分立足于我国随班就读发展的现实情境,将国际经验和本土实际相结合。

由于融合教育已成为国际性的教育发展趋势,并且在西方发达国家和地区有着相对深刻的渊源和坚实的基础,英国、美国等国早已开展了对融合教育教师培养问题的关注和探讨,除了首选的开设和完善相关课程之外,更有大量在融合教育的大背景下变革整个教师教育体系和模式的大胆尝试,这些均能够为我国普通师范专业融合教育课程的开设提供大量宝贵经验,例如课程定位、内容编排、活动设计,甚至评价方式等,国际经验的梳理和借鉴也是我国课程构建的宝贵资源和捷径。但值得注意的是,我国当前的随班就读模式与西方发达国家的融合教育实践虽然在表象和结果上均呈现为特殊学生与普通学生在同一物理环境中接受教育,但在指导思想、历史背景、发展动机以及现实水平方面存在着一定差异,加上在我国目前部分地区对残疾、障碍等问题的正确意识仍有所欠缺,强调学生学业发展、成绩提高、升学率提升的应试教育传统观念短时间内难以得到有效转变,同时融合教育的保障支持体系仍有待进一步完善,与国外崇尚个性化发展、重视潜能开发的文化传统存在一定的差异。同时,国外融合教育的专业支持和保障体系相对完善,学校为每一个在普通班级融合的特殊学生均配备专业的教辅人员,同时配有专职的特殊教育教师(即我国背景下的资源教师),普通教师在应对特殊学生时所承担的职责与我国学校班额较大、专业支持缺乏的情况下面临的挑战和工作内容不

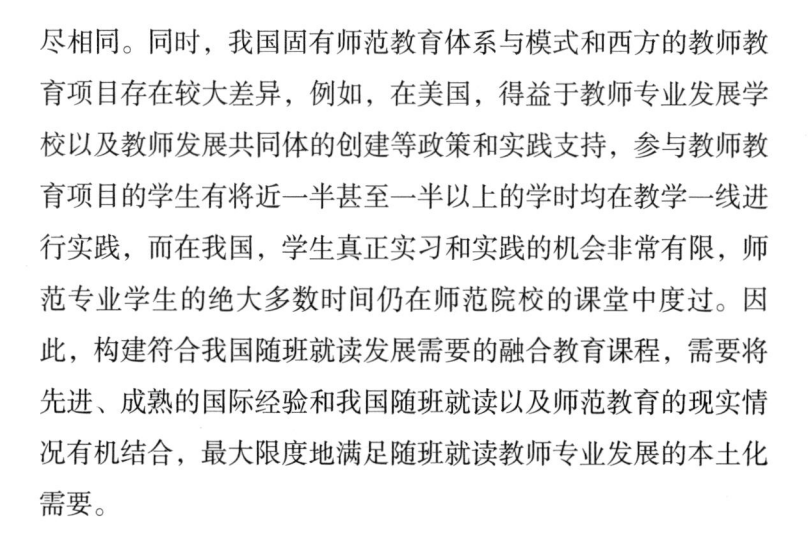

尽相同。同时，我国固有师范教育体系与模式和西方的教师教育项目存在较大差异，例如，在美国，得益于教师专业发展学校以及教师发展共同体的创建等政策和实践支持，参与教师教育项目的学生有将近一半甚至一半以上的学时均在教学一线进行实践，而在我国，学生真正实习和实践的机会非常有限，师范专业学生的绝大多数时间仍在师范院校的课堂中度过。因此，构建符合我国随班就读发展需要的融合教育课程，需要将先进、成熟的国际经验和我国随班就读以及师范教育的现实情况有机结合，最大限度地满足随班就读教师专业发展的本土化需要。

第二节 普通师范专业融合教育课程的目标

一、课程目标的定位

对我国普通师范专业学生融合教育课程的目标进行定位，最根本的是明确该课程在整个教师职前培养阶段所有教师教育课程中的角色。综合本研究中关于我国该课程现状、问题以及随班就读教师素养的分析，融合教育课程的目标不仅仅是对于普通教师知识体系的进一步补充和完善，更应该是将职前普通教师已有的知识和技能与随班就读的教学实践充分融合，从而实现教师随班就读素养全面提升的有机过程。这就要求在制定课程目标时，除了向师范生介绍和补充一定的关于特殊儿童本身的知识性内容之外，更应当以教师原有的知识储备为基础和起点，聚焦随班就读情境对教师有更突出要求的技能性素养，使该课程不但能够直接满足我国随班就读一线实践的需要，而且能够成为职前教师教育课程的有机组成部分，共同服务于职前教师素养的全面提升。随班就读教师从本质上来讲仍然是一名普通教师，是众多在普通学校为特殊儿童提供教育的专业团队中的成员之一，应当成为有效的合作者和支持者，所面对的是大差异课堂，而非仅仅是特殊儿童。这一角色特征决定了对于该门课程的定位不应当是一门基础性的"特殊教育"课程，而应当是全面提高职前教师驾驭随班就读课堂技能的课程。

二、课程目标的特征和原则

（一）全面性

本研究对于随班就读教师素养的系统分析表明，对于大多数普通教师来说，教育和管理普通班级中的特殊学生是全新的教学任务，从情感态度、专业知识以及专业技能上均会面临新的挑战，从实践观察和访谈的过程中也发现随班就读教师在知识、技能以及基本态度上均存在一定的不足或偏差，需要在职前阶段进行全面的培养和储备。因此，普通师范专业的融合教育课程的目标应当全面涉及教师知识、技能和态度的培养和转

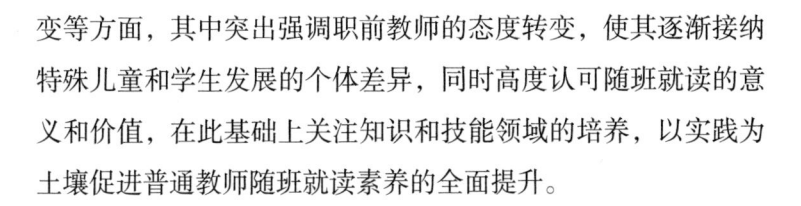

变等方面，其中突出强调职前教师的态度转变，使其逐渐接纳特殊儿童和学生发展的个体差异，同时高度认可随班就读的意义和价值，在此基础上关注知识和技能领域的培养，以实践为土壤促进普通教师随班就读素养的全面提升。

（二）实践性

随班就读教师工作本身具有较强的实践性和操作性，这决定了与其他教师教育课程相比，融合教育课程目标也应当体现较强的实践性，而非知识性和理论性，以培养和提升师范生在融合教育实践中的实际操作能力为根本目标和追求。

（三）适切性（可行性）

从本研究中对于我国目前融合教育课程的目标进行分析的结果中可以看出，相关课程的授课教师普遍将提升师范生对各类特殊儿童的教育和干预技能为主要目标定位，相比之下忽略其在大差异课堂中进行教学和管理的综合技能，这与普通教师在随班就读工作中的角色定位存在一定的偏差。课程目标的适切性指的是课程目标应当符合职前教师专业发展的规律性特征和所处的专业发展阶段。同时，结合职前教师在其他教师教育课程中已经获得的专业知识和技能基础，立足于随班就读质量提升和教师专业化发展的较高标准和要求，期望普通教师在随班就读工作中充分扮演好主要教师的角色，但切忌目标过高，超越普通教师在随班就读工作中的角色和职责，脱离教师专业成长的规律，例如像要求特殊教育教师一样来要求普通教师掌握对于各类特殊儿童的各种专业性较强的教育干预策略，在普通教育环境中专门应对特殊学生的各种问题，成为"全才型"教师等，这显然超过了普通教师对于特殊学生的职责要求，不但会给职前教师带来额外的压力和负担，同时也可能使职前教师在身份的建构和认同上出现困扰和偏差。因此，课程目标的适切性是保证其能够顺利、有效实现的基础。

三、课程目标的具体表述

基于本研究中对普通教师在随班就读工作中的角色定位和素养分析，以及目前我国融合教育课程目标设置情况的调研结果，结合我国目前师范教育的现实状况，普通师范专业融合教育课程的目标可表述如下。

（一）整体目标

培养职前教师对我国随班就读实践和特殊儿童的基本认识和积极态度，具有正确的角色意识，重点掌握驾驭大差异课堂所必备的技能素养，与相关专业人员通力合作，最终提高在随班就读工作中的实践能力。

（二）具体目标

（1）使职前教师能够悦纳学生发展的个体差异，关心和体谅特殊儿童及其家庭，认可特殊儿童的学习潜能，同时认同特殊儿童在普通班级随班就读的意义和价值，并能够致力于这种价值的真正实现。

（2）了解世界融合教育的发展背景以及我国随班就读的现实情况，以充分明确普通教师在特殊儿童随班就读中的角色和责任。

（3）了解我国目前随班就读的残疾学生的主要类型（感官障碍、孤独症、注意缺陷多动障碍等）及其身心发展特点和融合教育需要。

（4）掌握在普通教育环境中应对特殊学生可能出现的问题并满足其教育需要的策略和技能，提高实际操作能力，使职前教师能够有效驾驭差异性和多样性更大的课堂，促进普通学生和特殊学生的共同进步。

（5）培养职前教师的合作与共享能力，使其成为特殊儿童随班就读支持体系中有效的合作者。

（6）培养职前教师善于总结反思的能力和品质以及主动获取专业支持的意识，将特殊教育的有关问题纳入自己专业发展的内容中，并不断更新和完善。

该目标充分基于普通教师在随班就读工作中的角色和素养要求，全面涉及普通教师在知识、技能和态度三个方面的培养和转变，以态度的养成为基础，立足于我国随班就读特殊儿童的基本情况，为教师提供最有效的知识和应对技能、策略，注重实际操作技能的培养，并以高效地服务随班就读实践为终极目标。

第三节　普通师范专业融合教育课程的内容架构

本书通过对不同途径、不同类型资料的分析系统地探讨了我国随班就读现实情境下对于教师素养提出的核心要求，同时梳理和借鉴了发达国家在融合教育课程内容架构上的先进经验，分析了目前我国融合教育课程在内容选择和编排上存在的问题和局限，这些均在不同程度上为本部分课程内容的架构提供基础依据。

一、内容架构的基本思路

本研究认为，应当充分以随班就读实践对教师素养的要求为基础确定课程内容，"实践需要教师具备什么，课程就主要培养什么"，即建立在本研究对随班就读教师专业素养进行系统分析的基础之上。

一门课程不仅仅是将零散的主题按顺序进行罗列和安排，而需要按照一定的指导思想和理念将其有机串联，并且重点突出，体现鲜明的特征和导向。

(一）体现普通教育和特殊教育的交叉性和融合性

基于本研究中对于随班就读教师专业素养现实需求和角色定位的综合分析，普通师范专业学生需要修习的融合教育课程绝不是一门单纯的特殊教育课程，而需要同时站在普通教育和特殊教育的视角进行思考，充分实现其交叉和融合，即既要明确职前教师对于特殊教育相关知识的需求，也要考虑其普通教育知识的基础。特殊儿童的加入使得特殊教育相关知识的补充成为该课程不可回避的重要部分，但需要将其放在普通教育的大背景中进行考虑和运用，尽量减小对特殊儿童"特殊性"的强调，将特殊儿童作为多样化学生群体的组成部分，同时关注特殊儿童在普通教育环境中的需要，促使教师将所有学生的发展看作一个差异的连续体进行充分关注和回应。因此，课程内容不应当仅针对特殊儿童本身，更应当指导普通教师有效应对特殊儿童的加入给普通教育环境带来的挑战和复杂性。从根本上讲，普通教师仍然是一个以普通班级为基础的全局性统领者，这一角色的实现并非新的特殊教育内容和教师已有的普通教育相关知识的机械拼凑，很多能够有效应对特殊学生的技能和策略通常在普通教育环境和普通学生身上同样适用，这更说明该课程的实施需要对普通教师的知识和技能基础进行恰当补充，同时巩固和加强某些特定的知识和技能素养，并实现特殊教育和普通教育的有机融合。

（二）强调技能性内容的重要地位

本研究进行的调研中，一线随班就读教师对实践性技能的需求远高于对知识的需求，并且在将不同来源、类型研究资料进行分析和对比中发现，"技能"领域的项目从不同角度均得到了更多的关注，达成了较高的共识，体现了课程内容对实践性的要求。根据本研究中素养分析的结果，除必要的基本知识、理论性内容之外，应当增加以教师实践能力培养为目的的技能性内容比例，但是对于技能性内容的强调绝非忽视知识、理论性内容的重要地位，而是强调对于知识、理论性内容的有效应用，应将其与实践进行融合，促进理论和实践的有机互动。换句话说，随班就读教师实践技能的掌握必须建立在对特殊儿童身心特点的基本了解之上。

（三）关注融合教育环境中特殊儿童的全方位发展

相关发现，大多数一线随班就读教师对于特殊儿童的关注重点主要停留在特殊儿童问题行为的矫正以及班级秩序的维持和管理上，但实践观察的结果还表明，要想真正实现高水平的融合教育，教师必须进一步习得满足特殊儿童教育和发展需要的知识和技能，通过课程调整、差异教学等策略的实施，使特殊儿童获得学业上的进步。无疑，融合教育的起源和发展与隔离式教育对特殊儿童社会性发展的显著限制直接相关，因此对于融合教育来说，首先需要关注特殊儿童在普通班级的社会适应和社交技能发展。但随着对特殊儿童学习能力和发展潜力的

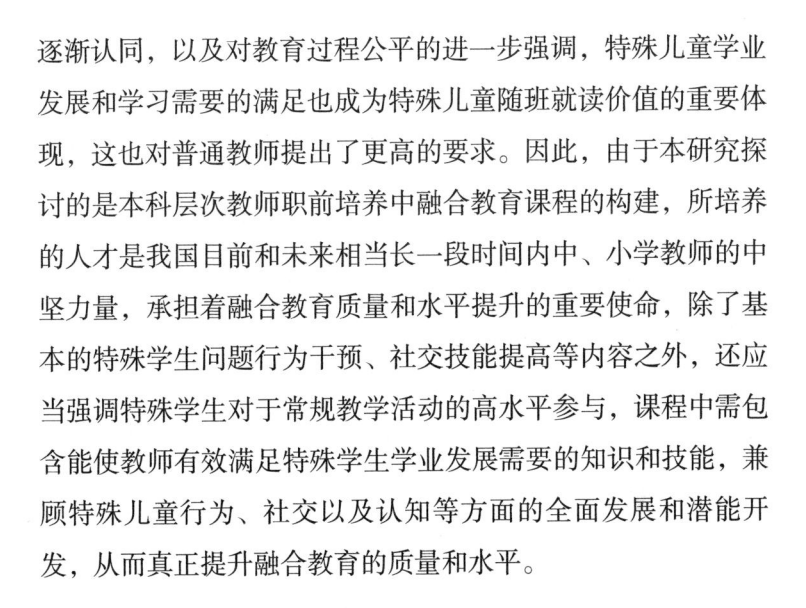

逐渐认同，以及对教育过程公平的进一步强调，特殊儿童学业发展和学习需要的满足也成为特殊儿童随班就读价值的重要体现，这也对普通教师提出了更高的要求。因此，由于本研究探讨的是本科层次教师职前培养中融合教育课程的构建，所培养的人才是我国目前和未来相当长一段时间内中、小学教师的中坚力量，承担着融合教育质量和水平提升的重要使命，除了基本的特殊学生问题行为干预、社交技能提高等内容之外，还应当强调特殊学生对于常规教学活动的高水平参与，课程中需包含能使教师有效满足特殊学生学业发展需要的知识和技能，兼顾特殊儿童行为、社交以及认知等方面的全面发展和潜能开发，从而真正提升融合教育的质量和水平。

二、内容架构

本研究中融合教育课程内容架构的来源主要有：第一，即最核心、最基础的课程构建依据：我国当前随班就读情境对教师专业素养的现实诉求；第二，我国目前融合教育课程内容建构存在的问题及原因分析；第三，国际教师教育项目中融合教育课程在内容架构和具体安排上的有益经验。

将本研究中随班就读教师素养分析中核心的内容项目按照知识和技能内部的有机联系进行恰当分类，最终形成普通教师职前培养中融合教育课程的内容框架，共包括"国内外融合教育背景和政策""我国融合教育支持系统及教师角色""班级中的特殊儿童及其融合需要""融合班级经营策略"四个模块，具体内容和架构如图 5-1 和表 5-1 所示。表 5-1 中"活动/备注"为部分课程实施策略与课程内容的对应呈现。

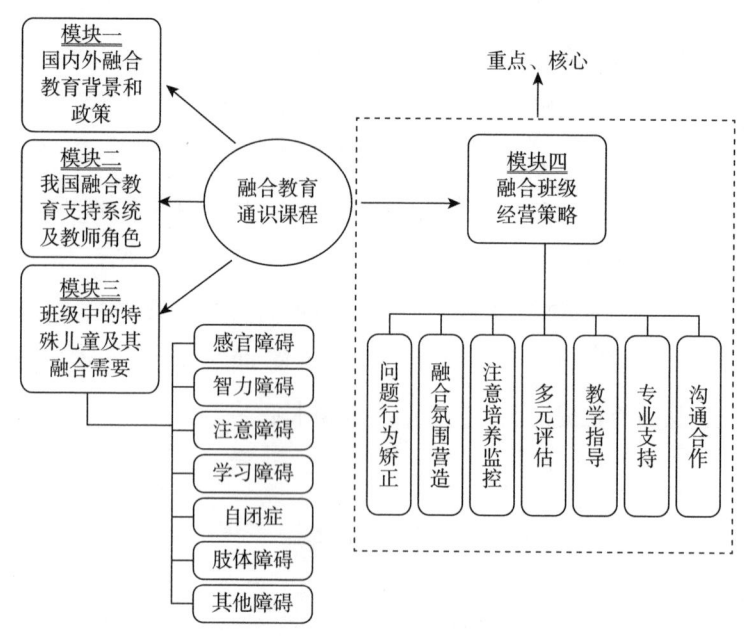

图 5-1 普通师范专业融合教育课程的内容架构

表 5-1 本研究中融合教育课程具体内容和活动安排示例

模块	课程内容	活动/备注
模块一：国内外融合教育的背景和政策	融合教育的历史背景和价值 特殊教育安置形式的变迁与趋势 融合教育的意义和价值 融合教育的合理性和可行性 残疾观的转变及教育过程公平 ……	小型辩论：特殊学生是否应当在普通教育环境中接受教育

续表

模块	课程内容	活动/备注
模块一：国内外融合教育的背景和政策	国内随班就读基本情况 我国随班就读的历史简述与现状 我国随班就读的法律及政策支持（包括对普通师范专业学生特殊教育能力的要求和规定） 我国随班就读与西方的融合教育……	小型辩论：特殊学生是否应当在普通教育环境中接受教育
模块二：我国融合教育支持系统及教师角色	随班就读/融合教育的支持系统及普通教师的角色定位 我国随班就读支持保障体系的结构和现状 教育行政人员、学校管理者、巡回指导教师、资源教师、普通学科教师等人员职责	安排见习活动，与随班就读教师进行访谈
	我国的现实情况（各类随班就读儿童的比例等）和困境 近年来我国随班就读学生的数量、占比及类型变化 当前随班就读工作面临的困境及对于教师的挑战	
	一线随班就读教师的常规工作和心路历程 一线随班就读教师日常工作中对于特殊儿童开展的相关工作 一线优秀随班就读教师从初次接触到熟练应对的心路历程	

续表

模块	课程内容	活动/备注
模块三：班级中的特殊儿童及其融合需要	融合班级的感官障碍儿童 感官障碍儿童的身心特征及对学习的影响 感官障碍儿童的辅助技术和融合需要	（1）模拟情境实践：视力障碍儿童随班就读现实情境模拟与教学体验 （2）实践活动：社区、学校无障碍环境调研并提出改进方案 （3）低视力儿童大字课本展示
	融合班级中的智力障碍儿童 智力障碍儿童的身心特征及对学习的影响 智力儿童的融合需要	
	融合班级中的孤独症儿童 孤独症儿童的身心特征及对学习的影响 孤独症儿童的融合需要	播放孤独症儿童相关电影或视频片段，学生以小组为单位探究、总结其身心特点
	融合班级中的注意缺陷多动障碍儿童 注意缺陷多动障碍儿童行为特征及对学习的影响 注意缺陷多动障碍儿童的融合需要	模拟情境实践：有注意缺陷多动障碍儿童随班就读的课堂教学模拟与体验
	融合班级中的学习障碍儿童 学习障碍儿童的心理特征及对学习的影响 学习障碍儿童的融合需要	数学障碍儿童真实错题集展示与分析
	融合班级中的肢体障碍儿童 肢体障碍儿童的心理特征及对学习的影响 肢体障碍儿童的融合需要	实践活动：社区、学校无障碍环境调研并提出改进方案

续表

模块	课程内容	活动/备注
模块三：班级中的特殊儿童及其融合需要	融合班级中的其他儿童 病弱、精神障碍多重障碍等	
模块四：融合班级经营策略	融合教育良好氛围的营造 物理环境的构建和调整 心理环境的创设与维护	（1）模拟情境实践：以"我们都一样"为主题设计一次主题班会，引导普通儿童接纳和关爱特殊儿童，并在课上进行实践展示 （2）模拟情境实践：假如现在的班级中有一位低视力（肢体障碍）学生加入，应当对于现在的教室环境做哪些调整 （3）实践活动：利用见习机会以小组合作形式对一线随班就读学校无障碍设施建设调研、探究与分析
模块四：融合班级经营策略	特殊儿童问题行为的基本类型及矫正技术 应用行为分析 积极行为支持 强化、惩罚、消退 认知疗法（自我监控） ……	（1）反省取向的案例分析：儿童问题行为干预的典型技术视频展示，学生进行案例分析，例如，案例中的"A-B-C"分别是什么？干预效果取得的关键原因是什么？如果没有起作用，下一步应该怎么办？

续表

模块	课程内容	活动/备注
模块四：融合班级经营策略	行为矫正方案的设计与实施（数据收集与分析）	（2）反省取向的案例分析：呈现由于特殊儿童问题行为导致的随班就读课堂混乱、管理失效等真实案例，学生根据所学内容进行矫正和管理方案设计 （3）行为矫正方案设计与实施：对周围的人身上存在的某个问题行为进行详细描述，设计并实施矫正方案，评估干预效果，形成完整的行为矫正报告并反思成功与失败的经验和教训
	注意力的培养和监控策略 特殊学生注意力分散的原因 注意力训练的策略（对特殊学生个人以及对班中所有学生） 随班就读课堂管理策略与技术 ……	模拟情境实践：有注意缺陷多动障碍儿童随班就读的课堂教学模拟与体验
	融合教育中的多元评估 评估的根本意义和价值 特殊儿童的发现及初筛 替代性评估 测验调整 过程性评估 档案袋评估 课程本位评估 ……	实践活动：课程结束后收集小组成员成长记录及作品集进行学习效果互评

续表

模块	课程内容	活动/备注
模块四：融合班级经营策略	随班就读课堂教学指导 课程调整、适应及差异教学 目标调整（弹性设计） 内容调整、教材处理 呈现方式调整 通用教学设计策略的原理和应用 ……	（1）真实情境的教学设计与实施：以见习中观察的班级为对象，与一线随班就读教师确定课程内容后进行一次教学设计并进行现场教学。教学结束后进行深入反思与总结 （2）反省取向的案例分析：优秀随班就读教学案例展示和分析：真实教学视频观摩，分析其成功的关键以及可能的改进策略
	随班就读教学中的其他有效策略 小组教学的实施和技巧 动机激发策略 教学机智的培养 合作教学的模式和策略 小步子教学（任务分解法） ……	
	随班就读专业支持的获取与合作 资源教师、巡回指导教师的角色和工作内容 特殊教育中心的角色和工作内容 特殊教育或融合教育常用专业资源的获取渠道	实践活动：资源教师、巡回指导教师工作调研
	与特殊儿童及普通儿童家长沟通与合作 特殊儿童家长的心路历程和期望 获得普通儿童家长的理解和支持	（1）实践活动：深入社区与特殊儿童及其家长互动 （2）模拟情境实践：创设普通儿童家长排斥随班就读学生的情境，职前教师设计解决方案

三、课程内容的解释说明

（一）纯知识、理论性内容相对较少

本书中对于随班就读教师素养结构和内容的讨论均表明，必要知识的补充是随班就读实践对教师素养现实诉求的主要内容之一，因此成为普通师范专业融合教育课程中不可或缺的重要组成部分。但是，本研究对于随班就读教师素养需求的综合对比和分析发现，与知识相关的项目数量远小于技能性的项目，教师对于技能性素养的需求更加广泛、强烈，这在已有的学术文献以及对于随班就读实践进行观察的过程中也得到了充分的印证。因此，本研究中在课程内容构建时将知识性内容的学时比例进行一定程度的缩减，重点挑选一线随班就读教师最迫切需要，同时最能够直接服务于教师态度培养和技能形成的知识进行讲授，例如对融合教育和随班就读国际背景和现实状况的梳理和介绍、对各类特殊儿童发展特点及融合教育需要的介绍等，并且在以每类特殊儿童为主题的专题中，重点关注各类特殊儿童突出的身心特点、障碍表现对其在普通学校学习所产生的影响，以其在普通环境中接受教育的需要为落脚点，突破了以往课程中单纯对其身心发展特点甚至致病原因等常规内容进行逐条、机械介绍的传统，使课程内容与现实教育环境中的实际需要相结合，帮助师范生形成直接、客观的认识，为技能的获得做好准备，使知识理论与实践要求密切联系并有机互

动。此外，虽然整个课程四个模块中有三个均为知识性内容，即"国内外融合教育的背景和政策""我国融合教育支持系统及教师角色""班级中的特殊儿童及其融合需要"，但在整体上看模块四中的技能性内容才是本研究中课程内容的重点和核心。

（二）大量增加技能性内容

本研究中对于我国目前融合教育课程内容的调研发现，知识性和理论性内容相对较多，而随班就读教师真正需要的行为干预、课程调整、个性化教育开展等技能性内容相对缺乏。结合本研究前期实证调研和文本分析的结果，随班就读教师在实践中对技能性素养的要求更高，因此，本研究建构的课程中大量增加技能性内容，即最后一个模块："融合班级经营策略"，各个策略均以融合教育的大环境为背景，立足于实践的要求，强调教师迫切需要且能够直接有效服务于随班就读实践的教学和管理策略，例如学生问题行为的矫正措施、课程调整和适应的具体方法、班级氛围的引导和营造策略等，这些均为实践性和技能性内容，并不强调学生对于技术及方法原理和作用机制的系统掌握，以实际操作能力的培养为主。在本模块中，具体内容的顺序安排从融合教育环境的创设开始，进而讲授直接应对特殊儿童的策略技能，然后关注应对整个融合班级中所有儿童时所需的知识和技能素养，最后延伸至向其他专业人员获取支持以及与学生家长进行沟通合作等技能，将随班就读教师置于更大的支持体系之中，使职前教师逐步明确自身的责任和定位，并获得相应的知识和技能，这也符合本研究中对于随班就读教师素养和角色定位的综合分析。基于本研究中普通教师角色的期望和定位，整个课程内容中未涉及对特殊儿童进行专业诊断、治疗和康复的相关技术等，例如听力障碍儿童的言语训练策略、孤独症儿童语言及社会交往能力的专业干预技术等，而是充分考虑随班就读的大差异课堂这一背景前提，避免课程内容过于强调"特殊性"，而立足于普通教师的根本身份，兼顾特殊学生和普通学生的教育需要，提供能够实现共赢的有效策略。

第四节 普通师范专业融合教育课程的实施

课程实施是将构建好的课程内容和方案以一定的方式付诸实践的过程，是实现课程目标、达到预期目的的手段。课程内容的框架仅为期望通过课程的实施使学生获得的各方面素养理想和应然状态，而理想的真正实现更加取决于能否以恰当的方式传递课程内容。对于相同的课程内容计划，不同的实施方式达到的实施效果可能相差很多，因此，实施方式决定了课程内容传递的效率。同时，本研究对于我国目前普通教师职前培养中融合教育课程的现状检视中发现，当前该课程的实施方式仍以传统的知识讲授为主导，实践性和活动性明显不足。因此，课程实施方式的设计和突破，是本课程构建的重要部分。

一、传统讲授法在本课程实施中的地位和作用

本研究构建的融合教育课程从本质上来讲是一门教师教育中的专业基础课程,与专门的教育实践课有着本质区别。对于随班就读教师专业素养的系统分析表明,特定特殊教育和融合教育相关知识的补充是普通教师胜任随班就读工作所必备的素养,也是普通师范专业融合教育课程内容中必不可少的组成部分。讲授法作为一种基础性的有着较高效率的教学方法,在基础课程教学中的使用无可厚非,更不可替代。因此,传统的知识讲授也是本课程实施中必不可少的环节,发挥着基础性作用。

但是,长期以来,传统讲授法在教师教育课程实施方式中独占鳌头的局面使得该方法的弊端逐渐显现,受到学界的批判,更与融合教育教师培养的大势所趋和融合教育教师的专业特性背道而驰。因此,本研究在课程实施方式的构建上打破目前融合教育课程中讲授法长期占据主导地位、教学方式方法过于单一的现状,在特定内容的实施上体现出更加明显的活动性和实践性,与讲授法传递的相关知识和理论进行互动和融合,最终真正提升普通教师的随班就读实践能力。

二、彰显实践性和活动性的课程实施

针对本研究中构建的融合教育课程内容,除了对"国内外

融合教育的背景和政策"等纯知识性内容的必要讲授之外，本研究中课程实施的实践性和活动性主要体现在技能性内容的教授上，并穿插于某些知识性内容中，通过有针对性的能够体现实践特征的实施策略和活动，以充分彰显实践特色。需要说明的是，在这样一门通识性的基础课程中，并不是所有的内容都适合并且必须以实践活动的方式进行学习，并且实践活动与课程内容不是一一对应的关系：一个实践活动可能是多项课程内容的体现和实施，同时一项课程内容也可以通过多个实践活动达到更好的实施效果。综合考虑我国目前教师教育课程的容量和实施现状等现实因素，本研究构建的融合教育课程主要通过以下几类活动彰显实践性和活动性。

（一）真实情境中的直接实践

从根本上讲，根据建构主义以及杜威经验主义学习理论的基本观点，职前教师对于融合教育课程内容的真正获得和随班就读实践能力的最终提高直接得益于对于随班就读一线教学情境的体验、感知和参与。了解最真实的教学现实，才能够在情感和知识、技能等方面实现内化，并形成客观的判断。同时，发达国家普通教师融合教育素养的培养也体现出明显的实践性，将职前教师长时间置于真正的融合教育情境中进行感知和实践。而根据本研究的结果，我国目前普通教师职前培养中的融合教育课程在课程实施方式上仍以传统的课堂讲授为主，实践环节较少，且远离随班就读的真实情境。因此，为学生提供接近并参与随班就读一线实践的机会，是本研究中课程实施的必要环节和有效手段。

1. 一线随班就读学校综合见习与感知

一线随班就读学校的见习与感知是我国当前情境下为职前教师提供随班就读感性经验的最直接手段，其主要目的和要求有：通过与特殊儿童的接触和互动增进职前教师对其的积极情感和接纳态度；对一线随班就读学校和班级的环境、氛围进行详细观察和调研，分析环境中对于特殊儿童随班就读的有利和不利因素，并提出完善方案；访谈随班就读教师，了解其主要角色、工作内容以及从事随班就读的心路历程；感知融合教育环境中各类特殊儿童可能存在的实际需要、教师的应对策略以及班级的整体氛围，并以"教学助手"身份参与随班就读课堂教学，辅助主讲教师，在恰当的时候对特殊儿童进行个别指导；将实践感知的结果与已有的知识经验进行对照和丰富，实现知识和实践的有机互动和对知识的个性化理解和建构，同时在全新的情境中思考并生成问题，激发对于特殊儿童和随班就读相关内容的求知欲，为课程后期的学习与探究提供反思、对照的资源。见习活动以小组合作的形式开展，并在结束后形成完整的见习报告在全班范围内讨论和分享。

2. 真实随班就读课堂教学活动

在真实随班就读情境中进行完整的课堂教学，是本课程实施的重要环节，也是国际融合教育教师培养的有效经验。在基本的知识、技能讲授之后，要求学生为见习时参与的有特殊儿童随班就读的班级进行相应内容的教学设计，并安排实际授课环节。授课结束后职前教师对教学过程进行深入反思和总结，建构更加符合实践要求的个性化知识,并由高校授课教师、一线随班就读教师共同参与课程评价与讨论。

3.深入社区与特殊儿童及其家长互动

职前教师与特殊儿童的有效沟通,以及与家长的互动合作在国际融合教育课程中均得到了充分的关注,也是本研究构建的课程内容中的重要部分。深入社区充分与特殊儿童及其家长互动,是职前教师增进对于特殊儿童及其家长的感情、提高与特殊儿童沟通能力、实现态度和信念的培养和转变、提高随班就读实践中与家长合作能力的高效方式。深入社区并与家长互动的内容和要求包括:分析社区环境中对于特殊儿童学习和生活的有利和不利因素并设计完善方案;与特殊儿童家长进行访谈交流,了解其心路历程和需要并撰写反思日记;采用游戏、提供帮助等方式在社区中与特殊儿童进行充分互动。

4.资源教师、巡回指导教师工作调研

职前教师对自身角色和职责范围的明确定位是该课程需要重点解决的问题之一,同时,对随班就读和特殊儿童支持系统的充分了解、对专业支持的获取以及与支持系统中其他成员的有效合作均为我国随班就读教师必备的素养。国外融合教育的师资培养工作中,要求职前教师长期在融合教育真实情境中与学校特殊教育教师、教学助手等支持人员进行密切合作与互动。因此,在本研究构建的课程中,结合我国随班就读支持系统的现状,安排职前教师分组对随班就读学校资源教师、区县随班就读巡回指导教师进行访谈,并在条件允许的情况下协助资源教师或巡回指导教师完成一项现实工作,以充分明确我国目前随班就读支持系统的现状，以及各自的角色和职责，为胜任随班就读工作奠定重要基础。

（二）真实场域之外的有效实践

虽然在真实的实践情境中学习能够对教师实践能力的提升发挥重要的促进作用，但并不意味着要将大部分课时实施的场域严格限制在真实的一线随班就读教学情境中，况且这对于这样一门融合教育课程并不现实。与课程内容密切相关的、真实场域之外的实践活动反而更加具有针对性和便利性，对于有效提升职前教师的随班就读实践能力同样有着重要作用。

1. 模拟情境中的教学实践和体验

情境性是实践的重要特征之一，实践的发生必须基于一定的情境，与具体的情境相联系。[1]真实教学情境的直接参与固然能够为师范生提供更加直接、完整的教学场景，但课程中的情景模拟和体验活动能够更加有针对性地为学生创造独特的学习经历，促进学生对知识和技能的透彻理解和灵活运用，因此，恰当体验活动的设计和安排是本课程实施的有效手段。结合本研究构建的课程内容，并借鉴国外先进经验中情境创设和体验活动设计的具体经验，本研究融合教育课程中最典型、有效的情境创设便为随班就读真实情境的模拟和创设，并让学生在情境中进行实践和体验。例如，在讲授"视力障碍儿童的融合教育需要"这一内容时，可以安排一名学生扮演视力障碍儿童，同时选择一名同学扮演教师，并选

---

[1] 杨燕燕.论教育实践课程[D].上海：华东师范大学，2011.

择一节简短的内容进行现场授课,在此过程中,扮演视力障碍儿童的学生根据自己的亲身经历描述并感受参与融合班级的现实需要,扮演教师的学生则对如何觉察、分析并满足这种需要进行实践和反思,其余学生并非纯粹的"旁观者",而应当对于整个情境进行体验和观察,并在模拟活动结束后进行全班范围的讨论和反思。这样一种真实情境的创设和模拟能够从另外一个角度丰富职前教师对于随班就读课堂以及特殊儿童融合需要的感受和经验,并结合课程内容进行个性化知识的主动建构。在进行"融合教育氛围营造"内容的教学时,创设有特殊儿童加入的现实情境,引导职前教师对环境调整的方式和策略进行探究和思考,并且以"我们都一样"为主题进行班会设计,培养职前教师心理环境营造的实践能力。

2. 生活中行为矫正方案的设计与实施

在本课程构建的内容框架中,"特殊儿童问题行为矫正技术"是重要的内容之一,也是随班就读教师应对大差异课堂挑战的必备素养。行为矫正技术从本质上来讲并非仅针对特殊儿童,其基本原理和技术对普通人群身上存在的问题行为同样适用。本课程在行为矫正基本原理和技术的讲授后,要求职前教师在周围熟悉的人中选择某个被试身上的某个问题行为,采用课程内容中学到的行为矫正技术和原理、行为矫正方案设计与实施方法对该行为进行系统干预,经历从干预目标的确定、评估、方案实施、数据收集、效果评估到整体反思的全过程。该实践活动结束后组织全班范围内的分享与讨论,对方案成功或失败的原因进行深入挖掘。这一过程虽然与随班就读真实教学

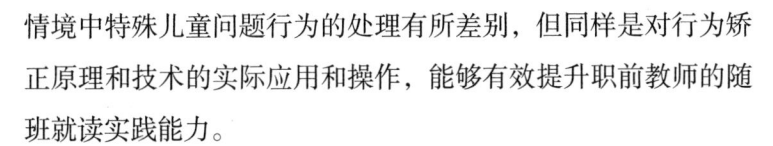

情境中特殊儿童问题行为的处理有所差别，但同样是对行为矫正原理和技术的实际应用和操作，能够有效提升职前教师的随班就读实践能力。

3.基于成长记录和作品集的组内成员互评活动

对随班就读的特殊儿童进行多元评估是随班就读教师必备的技能，也是本研究中课程的重要内容之一。在进行过程性评价、档案袋评估等内容讲授时，让职前教师在组内成员间彼此交换有关该课程的成长记录、作品集等，首先对档案袋评估的内容、特征、要素、步骤等进行自主探究，然后在相关内容的讲授之后对档案袋评估的程序进行具体操作，并在组内成员间进行分享和交流。职前教师对于组内成员的过程性评价虽然与随班就读实践中对特殊学生的直接评价存在重要区别，但具体操作过程的相似经历能够有效提高职前教师在真实情境中的实践能力。

4.基于真实、反省取向案例呈现的实践活动

与传统的课堂讲授相比，真实案例的展示和分析在促进理论和实践的融合中具备其他方式无可比拟的优势：第一，更加贴切课程和教学的需求，配合课程目标、教学内容、时间和环境；叙述品质佳，完整、连贯且真实；第二，可读性高，符合学习者阅读和理解能力，且能给予智慧上的挑战；第三，能触动情感：任务生动有趣，情节悬疑；第四，能制造困境：冲突、复杂的环境，不只一个答案的问题，能够成为理论和实践充分相融的理想载体。案例研究最早于19世纪70年代出现在法律领域，然后逐渐出现在医学和商业领域，到20世纪60年

代，教师教育和其他领域开始广泛使用案例研究法。❶ 案例以描述性的方式详细呈现真实情境的全貌，包括其复杂性以及值得进一步商榷和探讨的现象。对本研究中探讨的融合教育课程来说，由于随班就读实践对于大多数职前教师来说是陌生的教学情境，而案例教学能够有效弥补我国现实情况下学生直接参与随班就读实践机会较少的限制，同时增强课程的趣味性、学生的参与度和积极性，因此这也是国外融合教育课程实施中的重要经验。

真实的案例可以分为实例取向的案例和反省取向的案例。❷ 实例取向的案例注重通过使用案例对知识与理论进行解释和说明，增加职前教师对于真实情境的感受和体验，是展示、例证理论的工具。而反省取向的案例更加注重其反省功能，向职前教师呈现复杂、混乱的、需要分析解决并作出决策的情境和活动，从而提高其反思、探究以及决断能力。与实例取向的案例相比，反省取向的案例超越了案例本身仅仅"扩充个体经验"的目的，使职前教师融入复杂的教学情境中切实感知教育问题，设计合理的解决方案和教学策略并进行反思，实现理论和实践的最高层次融合。结合并借鉴国际融合教育课程实施中案例教学的使用情境和时机，本研究构建的融合教育课程中反省取向案例的使用主要体现在：在进行"特殊儿童问题行为矫正技术"相关内容的教学后，为学生呈现由于特殊儿童问题行为

---

❶ MERSETH K. The Early History of Case-based Instruction: Insights for Teacher Education Today[J]. Journal of Teacher Education, 1991, 42 (4): 243-249.

❷ 苗学杰. 融合的教师教育[D]. 长春：东北师范大学, 2012.

导致的随班就读课堂混乱、管理失效等真实案例,启发职前教师依据讲授的行为矫正原理对该儿童和课堂设计矫正和管理方案。此外,在"获取普通学生家长支持"的教学课时中,教师呈现普通学生家长对特殊儿童随班就读表示抗议和不满的真实案例,启发职前教师针对该情境的思考和问题解决。此外,在对于特殊儿童问题行为矫正技术和策略的教学中穿插直观清晰的视频矫正个案,例如运用对于应用行为分析的实操案例,让学生直接观察干预过程,分解其中的"先行事件—行为—结果",分析其因果和互动关系,思考干预效果理想的经验或者失败的原因,提高学生对于行为矫正技术和原理的深入理解和实际操作能力。

对反省取向案例的恰当使用为本研究中的融合教育课程融入了充分的实践元素,并且使实践活动能够充分与教学内容相结合,具有更强的针对性。内容丰富、形式多样的案例真实地展现了随班就读教学的现实生态,在补充职前教师感性经验的同时激发其对于复杂教学现象和问题进行探究和反思的动机和能力,这也正是一名优秀随班就读教师迫切需要的素养和品质。

(三)实践中真实材料的展示与分析

有研究表明,不仅仅是直接置身于真实的情境中(见习和实习)才能促进职前教师的学习,在特定的学习内容和主题下,以大量实践中的真实材料为对象让职前教师进行分析、讨论,仍是教师"在实践中学习"的有效方式。[1]波尔(Ball)和科恩(Cohen)充分肯定了课堂真实材料在教师实践能力提升上的重要作用。

"以实践为中心"(centered in practice)并非一定要在真实的学校课堂情境中。虽然直接在课堂中学习才是更加名副其实的"真实实践",但是这种学习也会限制许多学习机会。完全置身于情境中会将学习机会局限在特定的课堂中正在开展的教学类型,同时也局限于只能一分钟一分钟地学习实践,而没有调整进程的余地。所以,通过一些实践材料,可以创建更多的学习机会,这些材料如学生作业的复印件、上课的录像、教材以及教师的笔记,等等。用这样一些材料能够将课程置于实践情景中,因为它们能够使学习聚焦于从真实课堂中得来的、并且能够代表实践中突出问题的材料。[2]

如前所述,在现有条件下融合教育课程能够为师范生提供的真实场景中的实践机会有限,因此,充分发掘和利用多样的课程资源,提供与随班就读教学和管理工作相关的、真实的教学材料和实物,成为该课程的有效实施方式。事实证明,这一手段和策略在目前国际发达国家和地区的融合教育课程实施中得到了充分的体现,特殊学生的个别化教育计划、IEP 会议记

---

[1] HAMMERNESS K, DARLING-HAMMOND L, et al. The Design of Teacher Education Program [A] // DARLING-HAMMOND, JOHN BRANSFORD. Preparing Teachers for A Changing World: What Teachers Should Learn and Be Able to Do. San Francisco: Jossy-Bass, 2005: 390-441.
[2] 转引自:王艳玲. 培养反思性实践者的教师教育课程[D]. 上海:华东师范大学,2008.

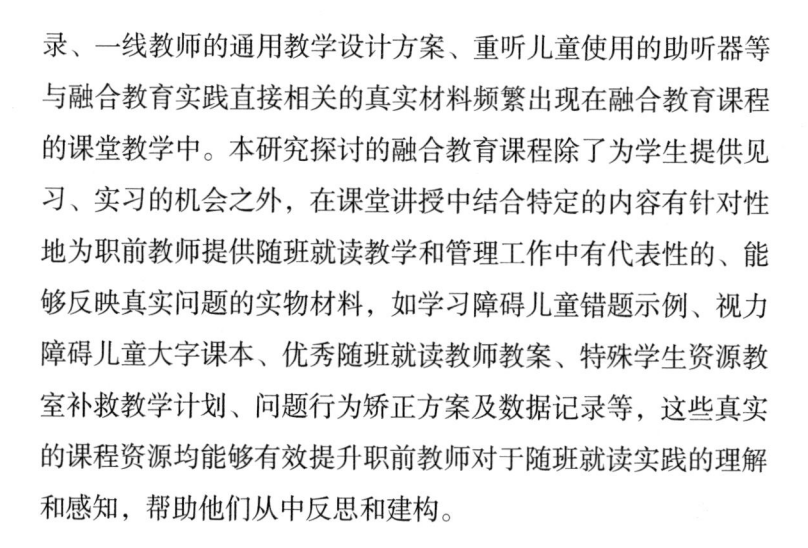

录、一线教师的通用教学设计方案、重听儿童使用的助听器等与融合教育实践直接相关的真实材料频繁出现在融合教育课程的课堂教学中。本研究探讨的融合教育课程除了为学生提供见习、实习的机会之外,在课堂讲授中结合特定的内容有针对性地为职前教师提供随班就读教学和管理工作中有代表性的、能够反映真实问题的实物材料,如学习障碍儿童错题示例、视力障碍儿童大字课本、优秀随班就读教师教案、特殊学生资源教室补救教学计划、问题行为矫正方案及数据记录等,这些真实的课程资源均能够有效提升职前教师对于随班就读实践的理解和感知,帮助他们从中反思和建构。

第五节 普通师范专业融合教育课程的评价

课程评价所需解决的关键问题是:"我们如何确定课程的目标正在得以实现?"对于该问题的回答涉及较多的复杂因素,正是由于课程本身的复杂性和不一致性,课程评价自20世纪30年代作为独立的研究领域出现以来,一直存在着不同的观点和争论。最初,著名的"泰勒原理"将课程评价过程看作"一个确定课程与教学计划实际达到教育目标的程度的过程",揭示了课程与教学计划、课程目标之间的关系,带有鲜明的总结性和描述性。然而,30年之后的20世纪60年代,学者们开始关注课程评价的价值维度,认为并不可能存在完全、绝对中立的描述，课程评价更多的是一种价值判断的过程，重视对于课程传达了一种怎样的价值观，这种价值观是否符合学生的需要和社会的发展，是否实现了一定的价值目标等问题的系统的考察、研究和分析，进而得出课程评价的综合结果。由此可见，课程评价是一个包含价值倾向的资料收集和决断过程。

一、课程评价的对象

至于课程评价的具体对象，受"目标功能取向"课程评价观的影响，大多数课程评价以学生的学习结果为主，即考查学生在知识、技能以及态度方面是否达到了课程目标的要求，并且我国以及国外一些国家在较长时间内均处在这种状况之下，然而最近二三十年随着国外发达国家在教育各项事业和支持系统不断得以发展和完善，课程评价的内容和范围有所扩展，涉及课程的目标、计划、具体活动以及结果等各个方面，成为一个多方收集信息并对多方面进行评价的综合、系统过程。也有学者将课程专家施瓦布（Schwab）提出的四个课程要素，即教师、学生、教材以及教学环境，作为课程评价的四个对象。[1]结合本研究的研究问题，本部分对课程评价的讨论为广义的课程评价范畴，以对学生的学习效果的评价为主，同时关注对课程目标、内容以及实施方式方面的价值判断；既涉及对于学生的评价，也将对教师的考量包括在内，为课程效果的判断提供

---

[1] MARSH C，WILLIS G. Curriculum：Alternative Approaches，Ongoing Issues [M]. New York：A Simon & Schuster Company，1995：258.

全面、客观的依据和指导。

二、评价原则

（一）实践性

如本研究所述，普通师范专业开设的融合教育课程应当将是否能够切实提升师范生在一线随班就读工作的实践能力作为最终的评价指标，无论是对课程目标、课程内容和材料的选择，还是对课程实施的方式以及学生学习结果的评价，均应当直接指向随班就读实践，考察课程在提升学生实践能力方面的作用。例如，对于课程目标的评价主要考虑其是否符合随班就读一线教师的角色和要求；对于课程内容的评价标准主要在于其是否为当前随班就读教师胜任工作所必须具备的素养内容；对于学生学习结果的评价主要基于其服务随班就读实践能力的提升情况，而非对于特殊教育或融合教育知识、理论的掌握程度。

（二）在全面性的基础上有所侧重

早期经典的目标导向课程评价理论中明确指出，课程目标是课程评价的主要依据，因此，课程目标的全面性则直接对课程评价提出全面性要求，即对学生学习效果的评价应涉及包括态度、知识以及技能在内的所有领域，关注职前教师对于随班就读正确态度和信念的养成、关于特殊儿童和融合教育相关知识的理解以及随班就读教学和管理技能的掌握。但在坚持评价全面性的同时，应当根据随班就读工作的现实需要，突出评价重点，使课程评价具有更强的针对性和有效性。具体来讲，首先，由于随班就读教学情境的特殊性，以及职前普通教师对于随班就读及特殊儿童的态度和信念在其专业素养中的基础性地位，对学生的评价中应当重点包含对其态度和信念状况的考量和判断；同时，基于本研究中课程目标的定位，学生随班就读教学技能的掌握情况和实际操作能力的水平同样应当成为学生评价的最重要内容。总之，对于课程中学生学习效果的评价应在贯彻全面性的基础上突出对职前教师态度和技能领域的测查。

（三）发展性

课程评价的发展性是相对于固有的总结性功能而言的，强调评价在促进学生发展和课程完善方面的作用。在课程进行过程中通过评价活动的开展，不但可以获得实施效果的信息，更应当注重评价对于课程实施的动态指导作用，即对课程评价所具有的形成性功能和教育性作用的强调，而不仅仅作为一种事后的总结性判断活动。由于我国目前在该类课程的开设方面并未形成相对成熟的模式和经验，仍处在对课程内容、实施方式等进行摸索和尝试的阶段，在这种情境下，充分发挥课程评价的发展性功能，在关注学生学习效果的同时注重评价对于课程计划本身的修订和改进作用，丰富融合教育课程建设和实施的经验，促进课程的动态调整和完善显得尤为重要。课程评价发展性原则的另一要求指课程评价最终需要服务于学生的发展，而非仅仅是对学习结果的判断和描述。对于职前教师来说，融合教育相关的知识和技能是其专业发展中的重要内容，应当把促进学生的专业素养发展作为课程评价的根本出发点和落脚点，通过科学评价结果的获得和反馈促进职前教师融合教育素养的全面提升。

三、评价的具体策略和形式

（一）形成性评价和总结性评价相结合

形成性评价又称过程性评价，其技术和理念的采用是课程评价发展性的直接要求，需要在课程进行过程中的不同阶段均对课程实施状况、学生的学习以及教师的教学状况进行资料收集和价值判断，以为课程的改进、完善以及学生的素养发展提供持续、动态的信息。美国教育评价专家斯克里文（M. Scriven）在其著作《评价方法论》中首次对评价的形成性功能进行了阐述，并与总结性评价进行了参照和对比。❶ 形成性评价功能视角的提出突破了教育评价鉴定、诊断、选拔等功能的限制，表现出明显的发展性转向，强调课程评价对在课程进行过程中对课程本身的发展和改进方面的作用，在此基础上进一步促进人的发展和预期价值的实现。

---

❶ 转引自：刘志军.发展性课程评价研究［R］.上海：华东师范大学博士后研究工作报告，2002：31.

本研究从对融合教育课程评价国际经验的分析中得出，对学生实践能力的评价往往表现出过程性、连续性特征，而非一次性的终结性评价，同时在每一次阶段性评价后进行反思和总结，以更好地促进学生发展。在本研究构建的融合教育课程中，对于学生学习效果的评价可以分别在每个模块课程进行至一半左右的时机采用恰当的方式收集与课程实施和学生学习状况相关的信息，例如收集学生的成长记录和反思日记，从中判断学生对于随班就读的态度以及知识技能的掌握水平；对于课程的评价可以及时、连续获取学生对于课程内容、实施方式、教师教学情况等方面的主观感受，并结合学生学习效果的综合判断，以此为依据对课程计划进行不断调整和修订，使课程开发与课程评价成为有机互动和联系的整体，促进我国普通师范专业融合教育课程的发展和成熟。

但同样重要的是，在课程结束后对其实施效果的总结性评价必不可少，并且以学生的实践能力提升情况为主要考查内容。但这种总结性评价必须着眼于学生的发展和课程的完善，而并非选拔和甄别。除特定实践性任务的布置之外，可以配合恰当的评量工具，在课程进行之前和结束之后分别对学生进行测查，通过量化的方式判断课程实施的效果。目前国外研究者在评量融合教育教师培养项目效果的研究中使用了大量的工具，例如《融合教育教师态度问卷》《普通教师融合教育胜任力问卷》等，可以为相关课程最终效果的评估提供借鉴和依据。

总之，针对职前教师融合教育课程的评价既要重视课程过程中形成性评价改进、发展性作用的发挥,又要重点对课程实施的最终效果进行总结性的评价,从而使课程评价成为一个动态、连续的过程,促进课程本身的完善和学生培养效果的共同提升。

(二)重视质性评价策略的使用

质性评价是相对于量化评价而言的,后者主张将学生的学习效果和过程简化为可用数字呈现的形式,通过数字的变化和差异判断课程实施的结果。长期以来,在大多数学科领域,量化的评价方式一直占据着课程评价的主导地位,但随着学术界对"工具理性"支配作用的批判和质疑,与之对应的质性课程评价方式应运而生。由于在收集课程资料上存在的灵活性和深刻性,质性评价方式更适合于对相对复杂的课程和教育现象进行评价,对课程发挥的综合效果进行描述和解读。普通师范专业融合教育课程以评价学生的实践能力为核心指标,但同样强调职前教师态度和信念的转变。与其他学科领域的课程相比,该课程相对全面、复杂,既涉及特殊儿童、教育平等等有争议的价值问题,又以学生实践能力的提升为最终目标,对于态度、技能等方面的信息很难用纯量化的方式客观、真实地进行收集,因此便需要观察、访谈、论文撰写及分析、档案查阅等"非干扰性技术"或"非正规方式"全面、广泛地收集学生的信息进行综合分析。[1]本研究中对于融合教育课程评价,教师可以通过课间学生谈论的有关特殊儿童的话题以及谈论时对

---

[1] 谢倩倩.生态课堂教学质性评价研究[D].重庆:西南大学,2009.

于特殊儿童称呼的使用、面对课程作业和任务的反应等方面的行为表现和变化来判断课程在培养职前教师融合教育态度和理念上的效果，同时在课间或课后与职前教师进行交谈了解其在观念、态度以及知识、技能上的进步情况，并采用档案袋记录职前教师在课程进行过程中的心路历程，以多种渠道获得的信息为基础对课程实施效果进行综合判断。总之，由于该课程对职前教师态度和技能培养的突出强调以及量化评价手段在态度和技能的评价上存在的显著限制，质性课程评价方法应当成为本课程收集评价资料的主要途径，但要求教师及课程评价者对于可用的资料具有高度的敏感性，并具有较强的分析和综合能力。

（三）操作性和技能性任务的设置

对普通师范专业融合教育课程的评价应当以学生服务随班就读实践能力的提升情况为主要、直接指标，在该课程评价的主要经验中，大量操作性、技能性任务布置和据此的能力评价成为学生实践能力评价的主要途径，鲜有基于传统纸笔考试和测验的评价方式，体现出显著的活动性。

本研究构建的课程中，得益于大量实践活动的设置和开展，可以直接针对学生在课程实践活动中的表现和取得的成果和进行综合评价，例如行为矫正方案的设计与实施、随班就读教案设计与实施、无障碍环境考察分析报告等，从而对职前教师知识的综合运用和融会贯通能力进行分析，考查职前教师在实践中的问题解决和实际操作能力，以此为基础客观、真实地评价本课程在提高学生随班就读实践能力上发挥的作用和效果。

　　本研究通过对随班就读教师素养的全面分析、国际经验的借鉴思考、我国目前相关课程的调研和问题分析，系统地构建了普通师范专业融合教育课程的应然样态，拟为我国师范院校相关课程的开设和教师教育改革提供一定的思路和借鉴。

参考文献

［1］陈云英.随班就读师资培养初步研究［M］.北京：教育科学出版社，1993.

［2］顾明远.未来教育面临的困惑与挑战［M］.北京：人民教育出版社，1999.

［3］关文信.实践取向小学教师职前培养研究［M］.北京：首都师范大学出版社，2009.

［4］华国栋.特殊儿童随班就读师资培训用书［M］.北京：华夏出版社，2014.

［5］华国栋.特殊教育师资培养问题研究［M］.北京：华夏出版社，2001.

［6］王雁.中国特殊教育教师培养研究［M］.北京：北京师范大学出版社，2012.

［7］张文京.融合教育与教学［M］.桂林：广西师范大学出版社，2013.

［8］赵德成，梁永正.教师培训需求分析［M］.北京：北京师范大学出版社，2012.

［9］陈小菊.整合与重构：基于实践取向的教师教育的反思［J］.中国电力教育，2012（7）.

[10] 邓猛,景时.从随班就读到同班就读:关于全纳教育本土化理论的思考[J].中国特殊教育,2013(8).

[11] 邓猛,潘剑芳.关于全纳教育思想的几点理论回顾及其对我们的启示[J].中国特殊教育,2003(4).

[12] 邓猛,苏慧.融合教育在中国的嫁接与再生成:基于社会文化视角的分析[J].教育学报,2012(2).

[13] 邓猛,朱志勇.随班就读与融合教育——中西方特殊教育模式的比较[J].华中师范大学学报(人文社会科学版),2007(7).

[14] 冯雅静.国外融合教育师资培训的部分经验和启示[J].中国特殊教育,2012(12).

[15] 贺慧敏,王晨.全纳教师教育在国外的发展及启示[J].科教导刊,2012(10).

[16] 贺慧敏.美国全纳教师教育模式研究及启示[J].天津市教科院学报,2012(4).

[17] 雷江华,姚洪亮.全纳教育教师资格认定制度探微[J].中国特殊教育,2005(7).

[18] 黎龙辉.试论随班就读的师资培养[J].中国特殊教育,2001(1).

[19] 李拉.全纳背景下的教师教育改革[J].继续教育,2011(1).

[20] 李敏强.教师职前培养的问题与对策[J].浙江教育学院学报,2006(5).

[21] 李泽慧.近二十年我国随班就读教师培养研究回顾与反思[J].中国特殊教育,2010(6).

[22] 林一钢.实践取向的教师教育课程与教学改革探索[J].浙江师范

大学学报（社会科学版），2011（4）.

［23］刘春玲，杜晓鑫，姚健.普通小学教师对特殊儿童接纳态度的研究［J］.中国特殊教育，2000（3）.

［24］刘嘉秋，昝飞.英国普通教育教师职前特殊教育能力的培养与启示［J］.外国教育研究，2010（1）.

［25］刘扬，肖非.试论我国特殊教育师资培养中的几个争议问题［J］.教师教育研究，2005（4）.

［26］刘志丽.试论普通高等师范院校培养随班就读师资的紧迫性与策略［J］.科教文汇，2009（10）.

［27］钱丽霞，江小英.对我国随班就读发展现状评价的问卷调查报告［J］.中国特殊教育，2004（5）.

［28］卿素兰，刘在花，杨希洁，赫尔实.农村特殊儿童随班就读支持系统与评价探析［J］.中国特殊育，2005（10）.

［29］荣军，李岩.澳大利亚职前教师全纳教育能力的培养［J］.教育科学，2013（4）.

［30］沈卫华.全纳教育理念下的英国教师专业发展探析［J］.外国教育研究，2009（3）.

［31］谭兆敏，段作章.国外教师职前培养模式的比较研究及启示［J］.江苏撒学学报（高教研究版），2005（10）.

［32］王娟，王嘉毅.我国职前教师教育中全纳教育的现状及对策研究［J］.中国特殊教育，2009（12）.

［33］王洙，杨希洁，张冲.残疾儿童随班就读质量影响因素的调查［J］.中国特殊教育，2006（5）.

［34］肖非.中国的随班就读：历史、现状、展望［J］.中国特殊教育，

2005（3）.

［35］董吉贺.基础教育改革背景下小学教师职前培养研究［D］.济南：山东师范大学，2006.

［36］金美华.新世纪韩国中学教师职前培养改善方案研究［D］.长春：东北师范大学，2009.

［37］马丽枝.我国职前教师教育课程体系的建构及策略研究［D］.长春：东北师范大学，2007.

［38］FORLIN C. Teacher Education for Inclusion: Changing Paradigms and Innovative Approaches［M］. London: Routledge, 2010.

［39］FOREMAN P. Integration and Inclusion in Action［M］. Sydney: Harcourt Brace, 1996.

［40］LOREMAN T, DEPPELER J M, HARVEY D H P. Inclusive Education: A Practical Guide to Supporting Diversity in the Classroom［M］. Sydney: Allen & Unwin, 2005.

［41］MARSH C, WILLIS G. Curriculum: Alternative Approaches, Ongoing Issues［M］. New York: A Simon & Schuster Company. 1995.

［42］WOOD J W, LAZZARI A M. Exceeding the Boundaries: Understanding Exceptional Lives［M］. New York: Harcourt Brace & Com, 1996.

［43］CARROLL A, FORLIN C. JOBLING A. The Impact of Teacher Training in Special Education on the Attitudes of Australian Preservice General Educators towards People with Disabilities［J］. Teacher Education Quarterly, 2003, 30（3）.

［44］LITTLE M E, CRAWFORD P A. Two Heads (or More) Are Better than One Successful Collaboration within Universities［J］. Learning

Disabilities: A Multidisciplinary Journal.2001, 11 (1).

[45] LOREMAN T. Essential Inclusive Education-related Outcomes for Alberta Preservice Teachers [J]. The Alberta Journal of Educational Research, 2010, 56 (2).

[46] MARSHAM M S, DALE P P. The Power of Partners: Preparing Preservice Teachers for Inclusion [J]. The Clearing House, 2000, 73 (3).

[47] MAUDE S P, CATLETT C, MOORE S, et al. Infusing Diversity Constructs in Preservice Teacher Preparation: The Impact of a Systematic Faculty Development Strategy [J]. Infants and Young Children. 2010, 23 (2).

[48] OYLER C. Teacher Preparation for Inclusive and Critical (Special) Education [J]. Teacher Education and Special Education. 2011, 34 (3).

[49] THEOHARIS G, CAUSTON-THEOHARIS J. Preparing Pre-Service Teachers for Inclusive Classrooms: Revising Lesson-Planning Expectations [J]. International Journal of Inclusive Education, 2011, 15 (7).

[50] WOO S J. Preservice Teacher Training for Successful Inclusion [J]. Education. 2007, 128 (1).

附 录

附录1 随班就读教师知识技能需求调查问卷（征求专家意见稿）

尊敬的各位专家：

您好！

感谢您抽出时间参与本问卷编制的意见征求工作。本问卷编制的主要目的是调查在职的随班就读教师对于问卷中列出的知识和技能项目在实际工作中的重要性的认识，以及对这些项目的需求程度，最终为职前教师融合教育课程的构建提供依据。目前该问卷所列出的项目均来自于前期对于相关文献和教师专业标准的分析和提取，烦请您根据上述研究目的，对下列项目在本问卷中的适切性进行打分，1~5，适切性逐渐提高，并用"√"进行标注。您的判断将为该问卷的内容效度提供重要依据。

感谢您的配合！

领域	项目	适切性得分				
知识	各类特殊儿童的定义、分类及特点	1	2	3	4	5
	各类特殊儿童学习和行为特点	1	2	3	4	5
	我国随班就读及特殊教育的相关法律、政策	1	2	3	4	5
	国际融合教育的发展趋势	1	2	3	4	5
	国外融合教育的有效教学策略	1	2	3	4	5
技能	差异教学能力	1	2	3	4	5
	对特殊儿童进行鉴别和诊断的能力	1	2	3	4	5
	对特殊儿童进行多元评估的能力	1	2	3	4	5
	与特殊儿童进行沟通、交流的能力	1	2	3	4	5
	课程调整能力	1	2	3	4	5
	与家长、同事以及专业人员的合作能力	1	2	3	4	5
	实施合作教学的能力	1	2	3	4	5
	和谐环境的创设能力（包括物理环境和心理环境）	1	2	3	4	5
	主动获取他人（特殊教育专家、巡回指导教师等）帮助和支持的能力	1	2	3	4	5
	特殊儿童问题行为的矫正能力	1	2	3	4	5
	班级管理能力	1	2	3	4	5

附录2　随班就读教师知识技能需求调查问卷（最终问卷）

尊敬的各位老师：

您好！感谢您抽出时间参与我们的调查。我们希望向各位了解在随班就读教学过程中老师应当具备的知识、技能等素质以及您目前的需要，以为教师职前培养和职后培训提供依据。

再次感谢您的配合！

1. 请将下列知识在随班就读实际工作中的重要性进行排序，将序号（1~5）写在条目后的括号中：
   a. 各类特殊儿童的定义、分类及鉴别（　　）
   b. 各类特殊儿童学习和行为特点（　　）
   c. 我国随班就读及特殊教育的相关法律、政策（　　）
   d. 国际融合教育的发展趋势（　　）
   e. 国外融合教育的有效教学策略（　　）

2. 请将下列技能在随班就读实际工作中的重要性进行排序，将序号（1~11）写在条目后的括号中：
   f. 差异教学能力（　　）

g. 对特殊儿童进行鉴别和诊断的能力（　　）

h. 对特殊儿童进行多元评估的能力（　　）

i. 与特殊儿童进行沟通、交流的能力（　　）

j. 课程调整能力（　　）

k. 与家长、同事以及专业人员的合作能力（　　）

l. 实施合作教学的能力（　　）

m. 和谐环境的创设能力（包括物理环境和心理环境）（　　）

n. 主动获取他人（特殊教育专家、巡回指导教师等）帮助和支持的能力（　　）

o. 特殊儿童问题行为的矫正能力（　　）

p. 班级管理能力（　　）

3. 上述知识和技能中，您感觉目前在随班就读工作中最缺乏或者最迫切需要的有哪些？请将项目前的字母填在下面的横线上（最多限选5项）。

_____

附录3 随班就读一线教师访谈提纲

1. 您现在从事几年级、哪个学科的教学?
2. 班中特殊学生的大致情况怎样?有几个特殊学生?分别是什么类型?
3. 您如何看待特殊学生随班就读这一现实和工作?
4. 您觉得做随班就读工作给您带来的最大挑战或者说困扰是什么?
5. 您觉得胜任随班就读教学和管理工作需要教师具备或者强调哪些知识和技能?
6. 回想一下您从事随班就读教学工作以来您认为自己在处理特殊学生的学习和班级生活过程中比较成功的事件,事情是如何发生的?您都说了或做了什么?
7. 这件事情结果怎样?有什么意义?
8. 回想一下您经历的不是非常成功的事件,简单描述一下经过。事情过程中您都说了或做了什么?
9. 您觉得这件事情不是非常成功的原因有哪些?
10. 目前您在从事随班就读工作方面最大的知识、技能需求有哪些?

附录4　随班就读实践观察记录表

时间		地点		科目	
授课年级		授课教师		记录人	
课程名称					
事件参与者					
事件发生背景					
事件详细过程					
事件结果和影响					
事件性质					
启示和反思					

附录5　普通师范专业融合教育课程开设现状调查问卷

尊敬的老师：

您好！众所周知，在普通师范专业开设融合教育相关课程，培养普通师范生的融合教育素养对于融合教育实践的开展和质量提升非常重要，也已经是我国相关政策中的明确要求。本问卷则针对普通师范专业（特殊教育、教育康复学以外的其他师范类专业）融合教育课程开设的情况进行调研，进而为相关课程的开设和政策的完善提供基础和依据。您的所有回答将匿名并得到保密，请您按照实际情况作答。

感谢您的大力支持！

第一部分　您的基本信息

1. 您所在的高校属于：
   - 综合类院校
   - 师范类院校
   - 理工类院校
2. 您所在的高校层次是：

- 中央 / 部属本科院校
- 省属本科院校
- 高职（高专）院校

3. 您的学历是：
   - 本科
   - 硕士研究生
   - 博士研究生

4. 您的最高学历专业是：
   - 特殊教育学
   - 特殊教育学外的其他教育学类专业
   - 心理学
   - 康复类专业
   - 其他（请注明）：＿＿＿＿＿＿

5. 您的教龄是：
   - 3 年以下
   - 3~5 年
   - 6~10 年
   - 10 年以上

6. 您的职称是：
   - 助教
   - 讲师
   - 副教授
   - 教授

第二部分 课程开设情况

7. 贵校哪年开始为普通师范专业开设融合教育或特殊教育相关课程?

- 2000 年之前
- 2001—2010 年
- 2011—2020 年
- 不清楚

8. 据您所知,该课程的连续性如何?

- 每年坚持开设
- 中断过几次但仍陆续在开设
- 只开设过一年(或一轮)
- 不了解是否中断过

若中断过,中断的原因是(可多选):

- 没有合适的老师上
- 没有足够的学生选
- 教学效果不佳
- 学时不够,要上的课太多
- 相关院系重视程度不够
- 培养方案整体调整
- 经费不足
- 其他(请注明)_____

9. 您所教授的融合教育课程最初是在谁的推动下开设的?

　　· 特殊教育学院 / 系 / 教研室

　　· 教育学院 / 部

　　· 学校层面

　　· 其他（请注明）＿＿＿＿＿＿

10. 您所教授的融合教育课程的授课对象包括（可多选）：

　　· 教育学院内部除特殊教育之外的师范类专业（学前教育学、教育学、小学教育学等）

　　· 教育学院外的师范类专业（下设在中文、数学、英语等学院下的师范专业，例如数学教育、英语教育等）

　　· 其他（请注明）＿＿＿＿＿＿

11. 您所教授的融合教育课程的性质是（可多选）：

　　· 专业必修课

　　· 专业选修课

　　· 公共选修课

　　· 其他（请注明）＿＿＿＿＿＿

12. 您所教授的融合教育课程具体名称是：＿＿＿＿＿＿

13. 您所教授的融合教育课程选用的参考教材是：

（1）书名：＿＿＿＿＿＿＿＿＿

　　编（著）者＿＿＿＿＿＿＿＿＿

　　出版社＿＿＿＿＿＿＿＿＿

　　出版年份＿＿＿＿＿＿＿＿＿

（2）书名：＿＿＿＿＿＿＿＿＿

　　编（著）者＿＿＿＿＿＿＿＿＿

出版社_____

出版年份_____

（3）书名：_____

编（著）者_____

出版社_____

出版年份_____

- 无教材，自行组织教学材料

14. 您所教授的融合教育课程的目标定位是（排序）：

- 帮助学生掌握基本的特殊儿童相关知识
- 帮助学生掌握基本的融合教育教学技能
- 帮助学生形成融合教育的积极情感和态度

15. 您所教授的融合教育课程内容包括（可多选）：

- 融合教育的发展历史和趋势
- 特殊教育的概念和体系
- 我国特殊教育的相关法律和政策
- 国外的融合教育相关法律和政策
- 融合教育、特殊教育的意义
- 特殊儿童的致病因素和优生优育
- 个体发展的差异性与特殊儿童
- 特殊儿童的分类
- 特殊儿童的安置形式
- 听障儿童心理与教育
- 视障儿童心理与教育
- 智障儿童心理与教育

- 自闭症儿童心理与教育
- 学障儿童心理与教育
- 情绪行为障碍儿童心理与教育
- 肢体残疾（生理特殊需要）儿童心理与教育
- 盲文、手语
- 特殊学生行为处理
- 个别化教育计划的制订和实施
- 融合班级课程与教材、考试调整
- 与普通学生、家长以及特殊学生家长合作
- 融合教育支持保障体系
- 其他（请注明）＿＿＿＿＿＿

16. 您所教授的融合教育课程实施方式包括（可多选）：
- 讲授
- 小组讨论
- 案例分析
- 观看相关视频/电影
- 以小组为单位完成某项活动（例如小组作业、小组汇报等）
- 其他（请注明）＿＿＿＿＿＿

17. 您所教授的融合教育课程是否包含带学生进入一线教学现场的环节？
- 是
- 否

如果是，进入的是（可多选）：

- 融合教育课堂（包含特殊需要学生的普通学校）
- 普通教育课堂（无特殊需要儿童）
- 特殊教育学校的课堂
- 康复训练机构
- 其他教学现场（请注明）_____

18. 您所教授的融合教育课程采用哪种评价方式？
    - 形成性评价
    - 终结性评价
    - 形成性评价和终结性评价相结合

19. 您所教授的融合教育课程对学生的评价设置了哪些具体任务（可多选）？
    - 撰写反思论文
    - 进行融合课堂教学设计
    - 设计学生行为矫正方案
    - 知识性纸笔考试
    - 其他（请注明）_____

20. 您认为哪些因素可能会影响该类课程的开设（可多选并排序）？
    - 相关政策的强制性和可操作性
    - 学校领导的重视程度
    - 特殊教育师资力量的充足程度
    - 学生学习融合教育内容的积极性
    - 相关教材的完备程度
    - 当地融合教育实践的发展水平和现实需求

・其他（请注明）_____

21. 对于更好地促进在普通师范专业开设融合教育相关课程，提升普通师范生的融合教育素养，您有什么建议？

_____
_____

附录6　普通师范专业融合教育课程基本情况访谈提纲

1. 您是否了解国家关于普通师范生融合教育素养培养的相关规定?

2. 您从什么时候开始给普通师范生上融合教育的课? 上过几轮? 每年都开吗?

3. 您担任的课程具体名称是什么? 有固定参考的教材吗? 如果有,是哪本?

4. 该课程在您学校是一门什么样性质的课? 授课范围包括哪些? 主要是几年级的学生选?

5. 您对这样一门课程是怎样定位的? 课程的目标是什么?

6. 您授课的内容包括哪些? 是如何选择和编排的?

7. 您的课上都采用哪些授课方式和具体的策略? 除在课堂上讲授外,还有哪些活动? 是否安排了融合教育实践的见习环节?

8. 您对学生的评价主要依据哪些指标? 采用什么方式进行评价?

9. 对于普通师范生融合课程的开设,您有什么好的建议?

后 记

近几十年来,国际特殊教育的发展正悄然发生着变化:大部分特殊儿童不再像以往大家认为的那样被安置在隔离的、专门的特殊教育学校学习,而是逐步得到了进入普通学校就读的机会,且这一趋势在世界范围内已经不可回避。我国出台的相关法规、政策正式确立了"融合教育"这一安置方式和发展方向,广大一线学校也对融合教育进行了很好的探索与尝试。越来越多的特殊儿童能够有机会进入普通学校和所有普通孩子一起学习和生活,并且能够得到很好的专业支持和保障,普通学校残疾学生的生均公用经费达到普通学生的8~10倍,这些现象都令我们欣喜,也让我们对于特殊学生在普通学校得到公平而有质量的教育充满期待。

然而,在提供了资源教室、经费等物力、财力保障后,我们开始意识到,广大普通学校教师缺乏融合教育素养,逐渐成为制约我国随班就读工作高水平推进的最重要因素之一。在多年来实地走访数十所一线随班就读学校的过程中,我不断感受到,大多数普通教师在面对特殊学生时显得束手无策,有的还缺乏接纳特殊学生的基本态度。在这一背景下,在职前阶段开设融合教育相关课程、培养普通师范生教育和指导特殊学生的能力，便成为相关政策的规定之一。那么，针对普通师范专业的融合教育课程应当如何科学把握和构建，成为学界和教师教育实践者关注的热点问题，也是我近年来主要关注的研究领域。

本书对于针对普通师范专业开设的融合教育课程进行了全面探讨，从国家相关政策和实践的背景出发，着眼于我国随班就读实践对于普通教师融合教育素养的挑战和诉求，对随班就读教师的专业素养进行了深入、系统的研究和分析，概括和总结了国际上发达国家和地区普通教师融合教育素养培养的先进经验和做法，同时对我国该课程开设的现状进行充分调研，最终展示了普通师范专业融合教育课程的应然样态。研究过程中除了有经验式的探讨和理论分析，更有大量来自一线的实践资料，鲜活而有生命力，这也是我研究生涯中最宝贵的经历。

我从本科到博士阶段一直都学习特殊教育专业，毕业工作后也一直从事特殊教育相关研究工作，这本书可以说是我以往学习和研究经历的积累和总结，也是我获得的第一个国家社科基金课题的重要成果。希望拿到这本书的读者，不管是特殊教育领域的研究者、教师教育管理者、教育行政人员，还是广大一线教师或未来教师，都能够从书中有所思、有所获。

最后，感谢参与本书相关研究的高校教师、一线随班就读教师，是你们为本书提供了最宝贵的一手资料，才让研究更扎实又充满活力。感谢恩师一路指导并为书作序。感谢所有为本书出版付出辛苦和努力的同仁和编辑。因时间紧张和水平有限,我深知书中还有很多不足之处,还请各位读者斧正。

冯雅静

2021 年 10 月 7 日